Dietmar Ströbel
Haydns Streichquartette

AF215968

(ZWISCHENTEXTE 5/5)

SINGEN → SPIELEN → HÖREN
Zur »erwachsenen Musik« der Frühen Neuzeit
(1500-1800)
Materialien zu Teilband (5): FINALE

Der folgende Text wurde im Wesentlichen beim Hören (u. a.) der
Streichquartette Joseph Haydns inform von Hörprotokollen entworfen. Solches Hören geschah per CD (»Kodály Quartet«) in der
Zeit der Pandemie und der verschlossenen Bibliotheken. Zur
harmonischen Orientierung diente oft nur eine Stimmgabel. Für
einige wenige Quartette lag eine gleichsam „antike" Taschenpar-
titur (Eulenburg) als Orientierungshilfe vor. Zur Formulierung
hinzugezogen wurden nur solche Schriften, auf die ich in meinem
häuslichen Handapparat zugreifen konnte.

Dietmar Ströbel, 2020/2021

Dietmar Ströbel

Spielen als Andacht

Extempore
zu den Streichquartetten
Joseph Haydns

Sapere ausus

Bibliografische Information der Deutschen Nationalbibliothek:
Die Deutsche Nationalbibliothek verzeichnet diese Publikation in
der Deutschen Nationalbibliografie; detaillierte bibliografische
Daten sind im Internet über dnb.dnb.de abrufbar.

Herstellung und Verlag:
BoD – Books on Demand, Norderstedt

ISBN 9783748112068

»[...]die – ohnehin problematische – Antinomie von wortgebundener und instrumentaler oder „absoluter" Musik war Haydn fremd, die letztere zu seiner Zeit als Kategorie überhaupt unbekannt. Dennoch wird er, da er ihr den Weg bereitet hat, nur zu gern für sie reklamiert. / Möglicherweise ist in diesem Zusammenhang eine Frage bislang allzusehr vernachlässigt worden – diejenige, ob das für Haydn postume Denkmodell „absolute Musik" nicht ältere, angemessenere Maßgaben verdrängt haben könnte, die, von der präzis bestimmten Bildlichkeit der „Affekten" herkommend, das Hören klarer, exakter und rationeller jeweils auf bestimmte Typologien, Bedeutungsfelder und dergleichen orientierten.«

Peter Gülke, *Nahezu ein Kant der Musik* (rev. Fassg.), in: *Joseph Haydn* (= Musik-Konzepte 41), München 1985, S. 73

Inhalt

Zum Selbstverständnis

Der folgende Text entstand (1.) auf der Grundlage eines selbstvergewissernden Hörens von Haydns Streichquartetten (u. a.) im Rahmen (2.) eines Bemühens um die endgültige Formulierung einer Skizze zu Haydns Lebensgang[1] aus älteren Notizen und gleichzeitig (3.) in der Auseinandersetzung mit Ludwig Finschers Haydn-Monographie[2], – und all dies in der Zeit der Corona-Pandemie u. d. h. ohne bibliothekarischen Zugriff auf Partituren und weitere Haydnliteratur außerhalb des häuslichen Handapparats. Ausschlaggebend für die Formulierung waren die eigenen Hörprotokolle sowie die These von einer für die Musik der Frühen Neuzeit so charakteristischen Tendenz zu einem eigenartigen „Selberspielen", *einem Spielen „entre nous"*, darüber hinaus schließlich zu einem gleichsam selbstverantworteten Mit-Spielen. Das Hören der Quartette vermittelte aber auch das „Vorurteil", dass den Streichquartetten sujetmäßige Orientierungen zugrunde liegen könnten, ab op. 9 bevorzugt solche aus Haydns Religiosität. Damit wäre Haydns Entwerfen solchen Spielens für vier Streicher „unter sich" in den Gang der fortschreitenden *Emanzipation einer Religiosität* hin zu einer von konkreten Glaubensinhalten losgelösten *„Andacht"* einzuordnen. Der Text versucht, das (u. a. von Finscher, aber vor allem vom Autor) an Haydns Kompositionen Wahrgenommene auf die entsprechende Entwicklung der Persönlichkeit Haydns hin mitzuartikulieren. Versucht werden soll auch hier ein (momentanes) Bild von Haydn, in welchem wir das an den Quartetten Erhörte aus der Optik des Verhältnisses Haydns zu den Adressaten seines Komponierens interpretieren und befragen.

Eine Leitthese dazu wäre: In Haydns Werdegang geht es (immer noch!) um eine Dienstleistung, und darin immer mehr um ein *situationsgenerierendes Komponieren*. Dieses ist so beschaffen,

---

[1] Vgl. Dietmar Ströbel, *Der Komponist und sein Amt... (= Singen → Spielen → Hören...*, Teilband (1.)), in Vorbereitung.

[2] Ludwig Finscher, *Joseph Haydn und seine Zeit*, Laaber 2000, hier: ³2017; im Weiteren zitiert als „Finscher".

dass seine Entwürfe vor allem des Spielens – diese stehen im Vordergrund – jeweils *die Spielenden* (und *Mit-Spielenden* = Hörenden) *mit jenen Mitteln ausstatten*, mit denen *sie sich ihre Situation* musikalischen Tätigseins (als eine *Lebenssituation*) selbst *gleichsam inhaltlich* generieren u. d. h. *für sich bedeutsam* entwerfen und gestalten. Hierin nehmen die Entwürfe für Streichquartett einen besonderen Stellenwert ein; sie ermöglichen den Spielenden (und dann auch den Mit-Spielenden), sich eine Situation einer sich tendenziell emanzipierenden „Andacht" unter und mit den Anderen zu erschaffen, die keine tradierte ist. Eine entsprechende Bedeutsamkeit wird auch von der kunstwerkorientieren Darstellung unter dem Blickwinkel „Haydn als Schöpfer des Streichquartetts" thematisiert.

I. Quartettkomponieren als situations-generierendes Komponieren

Kompositorisches Entwerfen ist auch bei Haydn – wie oben bereits angemerkt – grundsätzlich noch eine „Dienstleistung für" u. d. h.: es geschieht aus einem Selbstverständnis, anfangs voll und ganz auf einen Auftraggeber bezogen, aber im Laufe des Lebens so verallgemeinert, dass es (durch den Komponisten selbst nach und nach) abgelegt erscheint: aus der Dienstleistung für den bestimmten anderen Menschen wird eine Dienstleistung gleichsam für die Menschheit. Aus der Investition einer (möglichen) „Inhaltlichkeit" quasi von außen resp. aus vom Komponisten aufgenommenen bedeutsamen Texten oder Handlungen wird eine aus der lebensgeschichtlichen Erfahrung gewonnene.

Seine ersten Streichquartette entwarf Haydn als Quartett-Divertimenti für den Baron Fürnberg, wohl um 1755 (bis 57?). Die überlieferten 10 Werke (heute als Op. 1 und Op. 2 bezeichnet) bilden eine geschlossene Gruppe, „im Zuschnitt einheitlich, im Detail höchst kunstvoll voneinander unterschieden" (Finscher, 115). Zwar kommt um diese Zeit, als Haydn seine ersten Quartette entwarf, auch Boccherini nach Wien und schreibt ebenfalls erste Streichtrios und erste Quartette. Doch als Unterschied zu Boccherini merkt Finscher Haydns „rhythmischen Elan" an, seine sehr schnellen Tempi in den Finalsätzen und die motivische Arbeit, – für uns *Zeichen für die Ermächtigung zu einer persönlichen Actio des Spielenden*! Im Besonderen können wir die motivische Arbeit als Ermächtigung des reproduzierenden Subjekts zum Selbstausdruck, zur Selbstausdrücklichkeit ansehen.[1] Sie scheint bei Haydn offensichtlich vorrangig. Zwar hat die motivische Arbeit nicht genuin etwas mit dem Selber-Spielen mittels eines nicht selbst Entworfenen zu tun. Aber die Substanziierung macht den Selber-Spielenden wie auch den Mit-Spielenden anl. der

---

[1] Darin scheint ein endgültiges Ablösen etwa eines Bachschen Spielens, dort mittels besonderer Intervallstruktur, angelegt; vgl. dieses noch bei C. Ph. E. Bach und in den Notenbeispielen bei Finscher, S. 108 und 110 / Takte 5 ff.

„großen" Instrumentalmusik gleichsam (sekundär) ausdrucksfähig, als ob er selber „dächte".

Finscher betont an den Quartett-Divertimenti, dass sich an ihnen zum ersten Mal Haydns Fähigkeit zeige, eine „Musizier-Situation durch die systematische Entfaltung der in der Situation steckenden kompositorischen Möglichkeiten fruchtbar zu machen". Da es beim Quartett-Divertimento keine Gattungskonvention gegeben habe, „ereignete sich im *Divertimento a quattro* die Schöpfung einer Gattung »ex nihilo«". Was Finscher feststellt, erscheint uns zentral wichtig; doch leitet er daraus gleichsam *ein grundlegendes Interesse Haydns ab, Gattungen zu perfektionieren.* Unsere Perspektive auf Haydn stellt hingegen die Situation in den Vordergrund, *in welcher der spezifische Sinn eines musikalischen Tätigseins zum Tragen kommt.* Wir können uns Finschers Feststellung gewissermaßen umdrehen, indem wir unterstellen, dass es Haydn darum ging, *die in den kompositorischen Möglichkeiten steckenden Mittel für das Gestalten der privaten i. e. persönlichen Situation eines Spielens als Selber-Spielen „entre nous" fruchtbar zu machen und mit einem Sinn für die Spielenden zu versehen.* Was Haydn hier betreibt, das ist von Anfang an *ein situationserschaffendes Komponieren.* Nur verschiebt sich hier der Situationsbegriff von einem der gegebenen und vergleichsweise äußeren zu einer tendenziell inneren und einer solchen primär des Subjekts. Letzteres findet sich als Spielenden und Mit-Spielenden wieder, als Selber-(Mit-) Spielenden in einer auf sich selbst bezogenen Situation.

Solches gilt vielleicht erst nur ansatzweise in Bezug zu dem Quartett-Spielen bei Fürnberg. Die Situation ist zwar einzig durch die Spielenden erzeugt und durch kaum eine äußere Tradition vorgegeben. Sie ist aber auch eine der Reproduktion: eines Selber-Spielens, das sich prinzipiell eines Äußerungs-Entwurfs eines anderen bedient, also nicht selbst erfunden ist. Und diese ermöglicht den Nicht-Musiker zu einem Sich-Hören(-Machen), möglicherweise (auch) noch als Ersatz für jene „Musik", die man sich als kleiner Adeliger nicht leisten kann.

Und genau hier setzt Haydn an, vielleicht verstärkt durch die Tatsache, dass er selbst beteiligt ist: er ermächtigt die Spielenden, ihre Situation je zu einer des persönlichen Ausdrucks zu erheben. Die Situation ist keine in allem lebensweltlich vorgefundene, sondern eine notwendig selbstinitiierte und gleichzeitig auf sich als Selberspielenden bezogene. Und sie wird (kraft des haydnschen Entwurfs) zu einer persönlichen des/der Spielenden (und in den späteren Opera schließlich mehrheitlich wohl der Mit-Spielenden). Haydn setzt dies kompositorisch um; er ermächtigt die einzelnen Spielenden je aus ihrer Rolle heraus am Prozess einer tendenziell *typisch menschlichen*(!) Ausdrücklichkeit teilzuhaben und von der tradierten Rolle z. B. des Generalbasses (in Abhängigkeit von der tradierten Ausstattung einer Situation) tendenziell abzusehen. Jeder Spieler wird über die spezifische Teilhabe an der thematischen Substanz zum eigenen „Ausdruck" in *objektivierter* Form ermächtigt. Er gestaltet sich seine Situation selbst (mit); und – wir werden dies im folgenden darzustellen haben – er bringt sich in seiner Teilhabe an der Spezies „Mensch" zur Geltung.[2] (Dies geschieht nicht von heute auf morgen; dies ist eine lange Entwicklung, die sich erst am Ende der Epoche, um 1800, [auch für Haydn?!] typisch und scheinbar zielgerichtet darstellt.)

Selbstverständlich, auch Haydns 10 frühe Quartette greifen auf, knüpfen an. Denn die je fünf Sätze mit zwei schnellen Sätzen als Rahmen, zwei Menuetten und einem Adagio zwischen ihnen, bestätigen die Situation vor allem mit den beiden Menuetten durchaus als höfisch bzw. adelig, *als eine noch der „Unterhaltung"*; sie werden damit einer Erwartung gerecht. Die Quartett-

---

[2] Beachte: Selberspielen ist keine Vorstellung von Haydn, sondern ein Interpretationsbegriff unsererseits innerhalb der tätigkeitsorientierten Beschreibung einer Musik der Frühen Neuzeit. Er gehört zu Haydns Handeln aus dem heraus, was und wie er *ist*! Vergleichen wir mit Bach, bei dessen Entwürfen der „Ausdruck" eben in der Intervallstruktur linearen Fortschreitens angelegt erscheint, die gleichsam alle „Stimmen" benützen. Doch: Bachs Schule des Selberspielens ist (noch) wesentlich eine solche des Selbsterfindens von Spielen; für dieses allerdings vermag er im Rahmen von Präludieren (einerseits) und quasi textausdrücklichem Fugieren (anderseits) alle möglichen „Formen" seiner Zeit zu rekrutieren und „ausdrücklich" abzuwandeln.

Divertimenti, Haydns früheste auf uns gekommene „Form" seiner Streichquartette, scheinen noch an einer typisch höfischen und doch gleichzeitig bereits bürgerlichen Situationskonvention orientiert. Ihre „Form" mit den beiden Menuetten weist auf eine Abfolge, die die ideale Situation eines höfischen Menschen repräsentiert: I. Auftritt „als" – II. Tanz = Konversation – III. Bedenken (Adagio) – IV. Tanz = Konversation – V. Finaler Abgang (noch relativ kurz). Dabei meint ein tonartliches Ausscheren sozusagen ein vorübergehendes Ausscheren in eine andere (= gedankliche) „Räumlichkeit" der Situation.[3] Anderseits dienen sie u. a. mit (wie Finscher ausführt) dem Grad der Differenzierung sowohl der Sätze als auch innerhalb derselben einer vergleichsweise objektiven Personalisierung des Spielens (die freilich je von den Spielenden aufzunehmen und zu realisieren ist).

Man kann und sollte also die Satzfolgen als je dynamische Komponente der Situation ansehen, als ein Hindurchgehen durch ein quasi handlungsmäßiges Geschehen, wobei die beiden Ausnahmen mit dem je langsamen Beginn in der Satzfolge und dem Scherzo in der Mitte eine von den sozusagen regulären Satzfolgen „abweichende" Ausgangsbefindlichkeit der Spielenden meinen.

Der sich selbst denkende Mensch, der in der Frühen Neuzeit sich zu sehen beginnt, der sieht sich (1.) in einer situativen Befindlichkeit, die er (2.) handlungsmäßig durchlebt. Solche Handlung kann sich als Entfaltung unterschiedlicher Aspekte in der Zeit darstellen, letztlich abstrahiert in den Sätzen der „Sonate" Haydns. Und sie kann sich als eine Art Handlung entfalten, für deren Akte die Sätze selber stehen: jeder Satz eine menschliche Handlung für sich, und das Ganze als eine momentan gesehene ideale situative Befindlichkeit des Menschen, ja mehr noch, ein

---

[3] Das Problem ist wohl nun: zu einer personalen u. d. h. wohl „bürgerlichen" (= alle Menschen im Staate umfassenden) „Form" zu finden, die den Finalsatz ernst(er) nimmt, ebenso wie den Eingang, und nicht mehr als „Abgang", sondern als ein Mit-sich-ins-Reine-Kommen entwirft.
Beachte aber: das Streichquartett, anders als die Symphonie, wird mehr und mehr für „Kenner" entworfen, vor allem ab bzw. nach op. 33; auch das Quartett bedarf des „über sich verfügenden Spielers als…"!

Durch-Erleben eines menschlichen Handlungszusammenhangs. Das Sich-Sehen ist als ein „Sich Wahrnehmen als" erscheint räumlich angelegt, wie ein Durchschreiten unterschiedlicher existenzieller „Räumlichkeiten". Diese sind hier noch rein gedanklich gemeint.[4] Die Tatsache, dass die motivische Arbeit im Streichquartett in den Stimmen verteilt ist, trägt zu solcher Räumlichkeit bei: sie meint sicher nicht eine Kommunikation zwischen mehreren, wie einst Goethe interpretierte.

Das von Haydn je derartig entworfene Spielen selbst bleibt nicht unbedingt hermetisch u. d. h. allein auf die Spielenden bezogen zu denken, sondern selbstverständlich wird es vor allem in den späteren Quartetten auf einen Kreis von Mit-Spielenden ausdehnungsfähig[5]: Im Spielen *und* Mit-Spielen werden resp. sind auch die Mit-Spielenden mit den Spielenden eines Geistes, Vertreter einer befriedeten vernünftigen und mental geeinten Menschheit im Kleinen!

---

[4] Die Verknüpfung musikalischen Fortschreitens mit der Empfindung einer realen Räumlichkeit ist eine Sache einer „Musik des Alters"; ihr werden wir in der Musik des 19. Jahrhunderts begegnen.

[5] Vgl. das Umschlagbild von: Dietmar Ströbel, *Von Mozart vor und zurück. Modelle zur Musik zwischen 1500 und 2000*, Norderstedt 2011; kommentiert ist das Bild ebenda, S. 54, Anmerkung.

II. »Sich-Orientieren an« – Näheres zu den Divertimento-Quartetten Op. 1 und 2

Für das Selbstverständnis der Divertimentoquartette steht die Frage nach dem Sinn des Spielens und Mit-Spielens noch nicht im Vordergrund; noch partizipiert der Komponist am jenem dem Begriff „Divertimento" innewohnenden Selbstverständnis einer substanziellen „Unterhaltung" . Trotzdem stellt sich die Frage: woher stammt die Vorstellung vom Menschen, in der sich der spielende und mit-spielende Mensch selbst zur Geltung bringen kann und ganz unwillkürlich will?

Finscher stellt (S. 117) an den als Quartett-*Divertimenti* bezeichneten und ihrer „Herkunft" von ausdrücklicher „Unterhaltung" herrührenden fünfsätzigen Entwürfen für Streichquartett (dem sog. Op. 1 und 2) einen gewissen Widerspruch zwischen „Material" und „Ausarbeitung" fest. „Fast durchweg" scheint ihm „der Komplexitätsgrad der Ausarbeitung höher" (als in den anderen Kompositionen der frühen Jahre), während er dem thematischen Material „Simplizität" und Konventionalität zuspricht. Aber vielleicht ist genau dies der entscheidende Beginn Haydns: dem Spielenden ein ihm gewohntes („eigenes" und „galantes") thematisches Material anzubieten, *mit* dem er sich gleichsam selber äußert, um ihm gleichzeitig mit der Ausarbeitung die Möglichkeit zu eröffnen, sich in Ernsthaftigkeit als „denkend" darzustellen, sich als Mensch ernst zu nehmen. Es ist ein Sich-unterhalten-Machen, das gleichsam eine Haltung verleiht, ohne den Agierenden ihren „Spaß" zu nehmen. (Haydn nimmt den Anderen als Menschen ernst!)

Und was sind die Mittel? In dem von Finscher wiedergegebenen Beispiel-Divertimento (S. 118 f.; *Divertimento* in Es, Hob. II:6, I. Satz[1]) entwirft Haydn einen Prozess der Aneignung; was da musikalisch vor sich geht, das ist „Äußerung" mittels einer gestischen Figur, von dem einen begonnen, dem zweiten mitgetragen,

---

[1] Von Hoboken wohl versehentlich in seine Gruppe II (Vier- bis neunstimmige Divertimenti…) eingeordnet, wie es heißt.

vom ersten gleichsam in eine Art Bestätigung weitergeführt, worunter zwei die Äußerung wiederholen, worauf nun drei sie gemeinsam erst einmal zu einem Höhepunkt u. d. h. zu einer ausdrücklich bewussten Formulierung hin abschließen. Der lapidare Gang vom Grundton zur Terz, er erscheint als er selbst, als sich aufmachende und hinzielende Geste, die „darzulegen" scheint, die aber durch die Gestaltung mit dem Triller in der Mitte eine Art Festigkeit bekommt; nicht nur Anfang, Mitte, Ende, sondern wie eine Art besondere Inhaltlichkeit. (Seine Umkehrung im zweiten Teil, im Zuge einer Verdichtung gereiht, gibt sich wie ein „Bedenken".) Alles scheint auf das je satzmäßige Formulieren einer je besonderen *Äußerungsweise* gerichtet.

Den Menschen ermächtigen, „sich" zu äußern, in einzelnen Äußerungsgesten, besser Äußerungsmotiven – ja, es sind nicht mehr „Gesten", sondern „Motive", die Bewegung und eine gewisse Inhaltlichkeit miteinander verbinden –, in je kadenziell geschlossenen Äußerungseinheiten (von vorzugsweise 8 Takten). Wichtig erscheint, dass die Äußerung als menschliches In-Aktion-Treten erfasst werden kann und dass solche Aktion je als einzelne und einmalige angeeignet wird. In der Reprise erscheint die „Signalmotivik" (Finscher?) wie ein Bestätigen der „Äußerung" der den Beginn aufnehmenden Stimmen, wie ein „sag ich doch" oder „ja, so ist es". Da ist etwas Bejahendes am Werk, anderseits verlöscht der Satz; er bleibt relativ offen... Jede Geste als Äußerung transportiert eine mit ihr subjektiv gemeinte Absicht: der in Aktion Tretende „meint" etwas, er „fragt", er „bestätigt" o. ä. Die 1. Violine „bestätigt" sozusagen mit ihrer „Signalfigur" das thematisch Geäußerte; und sie führt es auch von sich aus „zu Ende" (Takte 60-67). Dabei gelangt der Satz in die Dominante, um von da bruchlos in der Tonika weiterzufahren. Harmonisch dreht Haydn auch die Verhältnisse zwischen den Takten um.

Dann das Menuett I: 7-taktig...; Finscher urteilt: „aus einem einzigen Element, dem lombardischen Rhythmus des Anfangs entwickelt, der melodisch erweitert, verkürzt, umgekehrt und dialogisch zwischen den Violinen durchgespielt wird" (121). Aber was ist sein Sinn?, was ist der Sinn solchen Spielens? Der Rhyth-

mus ist wohl nur äußere „Kleidung", die das musikalische Vorangehen in besonderer Weise (wie ein „Hinken") einkleidet. Der
Dreitakter am Beginn erscheint wie ein apodiktisches Äußern, das
folgerichtig in der Dominante „bestätigt" und durch einen vierten
Takt wie zur „Endgültigkeit" formuliert erscheint. Zu solcher
Apodiktik „gehört" hier der lombardische Rhythmus; er ist „Folge" nicht „Ausgang" der Erfindung. Die Weise des Spielens eröffnet den Spielenden, ihrem Spielen einen vergleichsweise
menschlichen Sinn (ein menschliches Als-ob) zuzumessen. Aber
da muss noch eine spezifische Inhaltlichkeit sein: dieses seltsame
Zurück zur Tonika im zweiten Takt (das Hummel in einem Früh-
druck veranlasste, den ersten Takt zu wiederholen – vgl. Finscher
121 –, was aus periodischer Sicht gerechtfertigt scheint). Und
diese plötzliche Umkehr des Achtelmotivs zum Schluss des ersten
Siebentakters! Beides signalisiert eine Art unentschlossene Entschlossenheit?

Und was „sagt" das Trio? Spätestens dieses ist der deutlichste
Hinweis auf ein mögliches Selbstverständnis und auf die „Quel-
le" Haydns. *Spätestens hier wird man gewahr, dass die einzelnen Sätze
gleichsam ein „Auftreten" von Menschen als Personen betreffen, aus
dem sie die Intentionalität ihrer Bildungen beziehen.* Der Satz I wie ein
theatermäßiges Auftreten, ein Sich-Umblicken und Mit-den-
Augen-Abtasten der Situation, dann das typische Sich-Äußern auf
eine bestimmte Art (Takte 15 ff.); die Durchführung wie ein Sich-
recht-sicher-Fühlen in der Lokalität und die Reprise als Bestätigen
des eingangs Geäußerten, mit einem verlöschenden Schluss als
Abgang: „ihr werdet sehen..." Wer die frühen Quartett-
Divertimenti hört, dem drängt sich immer wieder der gleiche
Eindruck auf: hinter jedem Satz scheint eine Art Vorstellung vom
Auftreten einer Person zu stehen; und deren Typika scheinen beim
frühen Haydn (noch) *von Theaterfiguren her* genommen, wohl von
denen der Commedia dell'Arte oder von einer entsprechenden
Wiener Spielart. Denn der zweite Satz, das erste Menuett, er erscheint wie das Auftreten nun eines „Alten", etwas umständlich,
mit erwartungsvollem Herzen sich in die Brust werfend. Während das Trio ihn in eine Melancholie (der Erinnerung oder der

Hoffung oder der Furcht, sein Ziel nicht zu erreichen...?) versinken lässt, führt das Menuett-Da-capo gleichsam „umso mehr" auf die Besinnung auf sich selbst zurück. Gerade das Trio erscheint wie eine Pantomime und doch gleichzeitig in ein motivisch-figürliches Geschehen transferiert, als ob das musikalische Material selbst es wäre, das ein Fortschreiten gestaltete.

Hinzu kommt das Adagio: „ein Konzert- oder Serenadensatz mit weit ausschwingender Violinkantilene" (Finscher, 121); ja, mit einer Art Lautenbegleitung. Der Ausdruck der Kantilene ist sentimental, die Begleitfigur signalisiert mit der Klangzerlegung nach oben eine sehnende oder versichernde Art Zuwendung. Auch hier erscheint der Schluss „offen", wie ein Abtreten in die Kulissen, um der folgenden Szene die Bühne zu überlassen.

Wenn nun das zweite Menuett eher (als das erste) „Tanz" ist und das Finale sozusagen sich „auf den Kopfsatz ex negativo" bezieht – das ist wieder Finschers unbedingtes Formdenken! – , dann hätten wir mit den fünf Sätzen durchaus fünf Stationen im Sinne von fünf Auftritten vorliegen. Denn das zweite Menuett, es bezeichnet ein bestimmendes, wie „rechthabendes" Auftreten; und sein Trio verstärkt hier; es hält die Tonart bei, bildet keinen wirklichen Gegensatz, sondern bejaht das vorher Geäußerte, das die Reprise des Menuetts bestätigt. Dem hängt sich das Finale wie ein Miteinander-Feiern der Akteure an: alles hat ein gutes Ende angesichts eines „Beschwichtigens" und „Einsehens"; es ist ein Ende ohne Pomp; und das Ende des Satzes ist einfach ein „und damit Schluss!".

Die Sätze formulieren keine Unterhaltung (im Sinne letztlich eines Sinnlosen) zwischen Menschen, auch keinen Konflikt. Hier treten Menschen auf, sie tun etwas, sie verhalten sich in typischer Weise. Nur: *diese Menschen sind hier noch aus „Figuren" des Theaters bezogen.* Und die Folge ihres Auftretens bildet eine angedeutete Konsequenz von Szenen. Aber die Auftretenden kommen nicht zusammen; es geht hier nicht um Kommunikation oder um ein Handeln zwischen mehreren. Der einzelne musikalische Satz steht wohl für den Auftritt eines Einzelnen, den Haydn uns als Verlauf seines Verhaltens und (Sich-)Äußerns vergegenwärtigt.

Figur und Prozess erscheinen charakteristisch bezeichnet, ohne dass wir diese konkret machen könnten (und sollten). Denn ist es so, dass Haydn es gelungen ist, „das Auftreten des Menschen" in einen Vorgang motiv-gestützten Spielens mit einer latenten Intentionalität der tonlichen Bildungen und ihrer Konsequenzen zu fassen, dann hätten wir – ungeachtet der Frage, ob die Zeitgenossen dies „verstehen" sollten oder gar „verstanden haben" – eine Erklärung für Erfolg und Wirkung bereits dieser frühen Kompositionen, wie sie Finscher (122 ff.) auch andeutet. Nicht allein das „Konzept", sondern wesentlich erscheint ebenso der Transfer in die musikalische Abstraktion, *das „Erfüllen" mit einer Art Identität* der zeitgenössischen musikalischen (Figur → Motiv) und auch formalen Mittel (→ „Andante" und „Menuett" als charakteristische Aktionen) für ein solches Spielen.

Es ist die originelle Idee, sich zu „orientieren an...", die den lebensbestimmenden Schritt ausmacht. Dabei geht es nicht um eine Orientierung an dem, was und wie (es) andere Komponisten machen, sondern um die eigene, persönliche Begründung des So-Machens. Haydn ist hier tatsächlich ein Schritt gelungen, menschliche „Handlung" in ein musikalisches Handeln zu transferieren und in die Sinnperspektive der (Mit-)Spielenden zu stellen; zwar leitet sich der Sinn aus der bereits eingeführten Usance gehobener Unterhaltung ab; doch zeigt nicht nur der einzelne Satz bereits Ansätze zu einer „Ermächtigung", auch das Ganze als in sich geschlossener Zyklus entwirft darin eine in nuce neue Situation, in der die Spielenden und Mit-Spielenden selbst Sinn eines inneren Erlebens des „Menschen" generieren. Auch Reichardt schildert in seiner Autobiographie das außerordentliche Erlebnis, das der damals 10-Jährige als Geiger mit den „Quatros" hatte; er beschreibt, wie die „an innerem Gehalt und Charakter immer wachsenden Quartette mir die beste Nahrung und Bildung und zugleich das entzückendste Vergnügen" gewährt hätten. Dies eben, Vergnügen *und* Gehalt, *sich* unterhalten und gleichzeitig als geistig ernstgenommen erleben, dies ist ein Entscheidendes. (Ein wenig ist solches Komponieren auch in die Baryton-Trios eingegangen.)

Machen wir uns klar: Sinngebung ist etwas, was man (im Sinne Kegans) „ist", nicht etwas, was man „hat" (also etwa bewusst sich vornehmen könnte)! Man existiert als jemand – auch so ist nun die Zeit der Aufklärung einzuschätzen –, der sich und seinem Leben ständig selbst einen Sinn zu geben sich bemüht. Im Spielen dieser Quartette und im Erleben einer gleichsam menschlichen Ereignishaftigkeit wird das Spielen zu einer per se sinn-vollen Tätigkeit für die musikalisch Tätigen, ohne dass sie letztlich „verstehen" müssten, was sie dermaßen erfüllte. Wenn es stimmt, dass Haydns erste Quartette „kompositionsgeschichtlich[…] ihrer Zeit voraus" waren (Finscher, 124), weil sie bei anderen Komponisten kaum Spuren hinterlassen hätten und niemand den vierstimmigen solistischen Streichersatz in einer fünfsätzigen Form aufgenommen habe[2], obwohl diese Entwürfe offensichtlich über (unautorisierte?) Abschriften sofort weit verbreitet worden waren, dann kann man hier die besondere Gabe Haydns angedeutet finden, die seine weitere Entwicklung bestimmte: die zur situativen Empathie, die er geistvoll und kompositionstechnisch umsetzte.

---

[2] Erst mit dem sog. Op. 9 beginne – so Finscher – um 1770 die eigentliche Auseinandersetzung mit Haydns Quartetten durch andere Komponisten.

III. Komponieren als Bearbeitung einer sich stellenden Aufgabe in eigener Interpretation. Die Streichquartett-Opera 9 und 17

Einen entscheidenden Schritt zu solcher Entscheidungsfähigkeit können wir in den Quartett-Zyklen Op. 9, 17 (und 20) sehen, die zwischen den Jahren 1768 und 1772 entstanden.[1] Denn mit ihnen verbindet sich möglicherweise ein mit „Absicht" selbstgewähltes „*Konzept*"; und dies zuerst einmal formal. Dem Beginn mit einem gemäßigten Satz („Moderato") folgt ein Menuett und erst dann ein langsamer Satz; abgeschlossen wird mit einem Presto o. ä. Die inhaltliche Zuordnung der Sätze (z. B. in Op. 17) könnte lauten: I. = „Erzählung" [in Op. 20 eher „Themenstellung"?]; II. = als Reaktion eine Art Diskurs; III. = „Auftreten" (eines Menschen oder einer Idee, einer Einsicht bzw. einer Vorstellung von...?) in der besonderen Form des „Weisen" bzw. der Weisheit oder eines „Frieden Stiftenden"; IV. = „Ergebnis" oder „Lösung" oder „Moral". Die Spielenden „spielen" eine „Gruppe", die miteinander ein Geschehnis in die prozeduale Vorstellung hebt.

Das ist möglicherweise noch nicht unbedingt ein einzigartiges Konzept zum Selberspielen, aber doch eines, das vorläufig sich in einen Gegensatz zur Sinfonie begibt. Denn die ersten Sätze – vgl. Finscher, S. 401 – sind differenziert und lang und weisen (gem. ihm) keine Ähnlichkeit mit Kopfsätzen der Sinfonien auf. In den Zyklen Op. 9 und 17 steht stets das *Menuet* oder *Menuetto* (in Op. 20 auch „*Minuet*") an zweiter Stelle; der langsame Satz folgt als dritter; dies ist in Op. 20 nicht mehr durchgehalten; dort setzt Haydn in drei der sechs Quartette den langsamen Satz an die zweite Stelle. Allerdings betrifft dies die Quartette, die im Entwurfkatalog an zweiter, dritter und fünfter Stelle stehen; und dies könnte, betrachtet man die Quartette unter je einer von einem gemeinsamen Rahmensujet abgeleiteten „Handlung", für diese von Bedeutung sein.

---

[1] Die Opus-Zahlen in Haydns Kompositionen stammen sämtliche von Verlegern, nicht von Haydn selbst. Man hat sich aber im Reden über Haydns Kompositionen angewöhnt, diese zur leichteren Verständigung beizubehalten.

Der Tatsache, dass niemand weiß, warum Haydn plötzlich nach 10 Jahren (angeblich!) wieder an die Divertimento-Quartette anknüpft, ja dass niemand angeben kann, warum er die 18 Quartette überhaupt entworfen habe, da es doch relativ unwahrscheinlich erscheine, dass sie in Akademien des Fürsten gebraucht wurden, können wir immerhin mit einem möglichen Grund entgegnen: Von der Tatsache des Moderato-Satzes am Beginn her und des wie eine „Verkündigung" oder zentrale „Einsicht" daherkommenden dritten Satzes könnte man sich *religiöse Sujets* bzw. Anlässe vorstellen, – als Spielen zur Meditation (evtl. sogar verbunden mit Texten resp. sprachlichen Ausführungen). Entweder dienten sie (dem Fürsten!) zu gleichsam religiösen Feierlichkeiten zu einer bestimmten Jahreszeit (in Fortsetzung einer Art Kammermusik, wie sie auch von Werner überliefert ist); oder sie wurden unmittelbar für eines der Klöster in der Umgebung entworfen, wofür der Fürst seine Erlaubnis gegeben haben müsste... Ja, möglich ist schließlich auch, dass solche Gabe an ein Kloster – vielleicht erst einmal nur des Op. 9 – einem Gelübde entsprungen sein mag: 1768 wurde Haydns Haus bei einem Brand zerstört. Auch der Wunsch des alten Komponisten, eine Gesamtausgabe seiner Streichquartette mit dem Op. 9 beginnen zu lassen, kann bei einem Komponisten, der Niederschriften seiner Kompositionen mit einem „In nomine Domini" und mit einem „Laus Deo" einzurahmen pflegte, auch noch andere Gründe haben als nur jene „Anordnung", aus der man „sein stufenweises Fortschreiten in der Kunst bemerken könne".[2] Schließlich nennt Finscher für Op. 9 und Op. 17 eine „ziemlich reiche handschriftliche Überlieferung, die sich auf den habsburgischen Raum und vor allem auf *die Klöster der Kernlande konzentriert*". (400) Für Op. 20 sieht er ebenda „die handschriftliche Überlieferung" als „ganz ähnlich", „nur erheblich umfangreicher: sie ist die reichste aller Haydn-Quartette". Dass die Druckausgaben noch eine Bezifferung der Bassstimme aufweisen, das könnte einerseits einer (inzwischen nicht mehr praktizierten) Tradition geschuldet sein; es könnte

---

[2] Vgl. zu dieser Bemerkung bei Griesinger: Finscher, S. 399.

aber auch ein Hinweis darauf sein, dass (für Haydn) diese Quartette noch nicht in allem die Vorstellung einer bestimmten Gattung wiedergeben. Diese 18 Quartette bilden gewissermaßen erst die Vorhut und Grundlage eines entsprechenden Konzepts, das sich für Haydn endgültig erst *aus der allgemeinen Rezeption* dieser Quartette in ganz Europa entwickelte! Denn die Zyklen wurden sehr bald nicht nur als Abschriften verbreitet, sondern auch als Drucke. Und erst aus der Erfahrung solcher Rezeption entstand die endgültige Idee und der Zyklus seines sog. Op. 33! Das Neue dieses Zyklus bezöge sich dann eben nicht (nur) auf die sog. „Technik" der Komposition, sondern auf das Selbstverständnis insgesamt, auf ein neuartiges „Entre nous", das sich selbstverständlich nicht nur auf die Spielenden, sondern insbesondere auch auf Mit-Spielende im Kleinen Kreis (den Autor Haydn eingeschlossen) erstreckte.

Haydn handelte noch prinzipiell im Auftrag; und vielleicht – und das wäre nicht der einzige Ausnahmefall in der Musik der zweiten Hälfte des 18. Jahrhunderts – hat er hier sich selbst einen Auftrag erteilt „für". Wie u. a. die „Sieben Worte…" zeigen, könnte es sich bei den drei Quartett-Sammlungen zu je sechs Entwürfen um eine Art Auftrag oder Selbst-Auftrag handeln: ein Spielen (und ein Mit-Spielen) innerhalb evtl. eines klösterlichen Rahmens zu entwerfen, das der Meditation dient oder das im festlichen Rahmen die Lesungen im Refektorium ersetzte: In diesem Fall wären die Meditationsthemen übergeordnet als (möglicherweise) den drei Hauptrugenden der Christen zugeordnet zu identifizieren. Denn hört man sich die Quartette Op. 9 durch, dann lassen sich alle sechs Tonarten (gemäß Schubart) in gewisser Weise mit dem Thema „Liebe" annotieren: von einer reinen unschuldigen (gleichsam kindlichen?) Spielart (/1) bis zu einer solchen als „einer Zufriedenheit im Gottvertrauen" (/6). Von daher scheint die Annahme möglich, dass die drei Zyklen an den christlichen Hauptrugenden orientiert sind, und dass die einzelnen Quartette in einer bestimmten (und übereinstimmenden!) Weise je ein entsprechendes Sujet „begleiten", das naheliegend am religiösen „Geschichten"-Schatz orientiert sein könnte. Op. 17 wäre dann mit dem Thema „Hoffnung" zu annotieren und Op. 20 mit dem Thema „Glaube", worauf auch die auffallende kontrapunktische Arbeit in den Finalsätzen weisen könnte. Dass die drei Gruppen in sich je als kompositorische Einheit zu betrachten sind, das hebt auch Finscher hervor. Wir unterstellen dies aber auch „inhaltlich", freilich als spekulative Investition des Hörers.

Die Frage ist: Gab es hier ein stillschweigendes Einverständnis des Fürsten, dass Haydn zuerst einmal für eine geistliche Verrichtung des Fürsten und letztlich auch für ein Kloster (etwa seiner Umgebung) diese Zyklen entwerfen durfte? Nicht nur in österreichischen Klöstern finden sich offenbar entscheidend frühe Abschriften; auch für den Eszterházy-Hof galt, dass Religiosität zwar eine persönliche Eigenschaft darstellte, aber noch keineswegs eine private. Im Gegenteil: wir wissen, dass der Eszterházy-Hof sehr religiös orientiert war, wenn auch Nikolaus selbst wohl als erster versuchte, eine spezifisch weltliche Tradition aufzurichten. Falsch wäre in Verbindung mit Haydn wohl auf jeden Fall die Vorstellung vom autonom schaffenden Künstler, der seine Entwürfe als „Werke" aus sich heraus erschafft und der Welt zur Verfügung stellt. Richtiger scheint mir (für die Zeit vor 1800) die Vorstellung vom Künstler als ein funktionaler Teil der „Welt", der gewissermaßen selbst ein Auftrag „ist", den er nach und nach (im Laufe der Epoche) als einen „eigenen" begreift, über den er (auch) mehr und mehr persönlich und aus sich heraus entscheidet. Könnte es sein, dass Haydns Religiosität sich nicht nur in den relativ wenigen geistlichen Kompositionen niederschlug, sondern in einer Spezies des „Entre nous", was der Religiosität der Zeit einen neuen Weg entsprechenden Auslebens erschlossen hat?

Wer heute die Quartette wie etwa die sechs des sog. Op. 9 durchhört, dem fallen neben den jeweils besonders gearbeiteten Eingangssätzen und der besonderen Satzfolge die Schlüsse vieler Sätze auf: viele enden, indem sie einfach aufhören; sie wirken nicht unvollendet; aber sie weisen keine besonders bearbeiteten Endtakte auf; sie „verklingen" sehr oft im *piano*. Dies erweckt den Eindruck, als sei nach ihnen eine Art „Fortsetzung" geplant, die man sich am ehesten als eine Lesung oder eine sprachliche oder eben stille Meditation vorstellen kann. Macht man sich klar, dass Haydns „Sieben Worte..." (als eine Praxis der Zeit) keinen so besonderen Einzelfall darstellen, sondern möglicherweise auf eine selbstverständliche Praxis weisen, eine (immer noch „inhaltlich" zu denkende!) Instrumentalmusik mit einem real vorliegenden Textlichen zu verbinden, dann könnte man sich schon Situationen – u. a. des klösterlichen Lebens – vorstellen, in denen beispielshalber das typische Vorlesen aus der Hl. Schrift zum Mahl der Klosterbrüder an besonderen Festlichkeiten durch instrumentales Spielen (zumindest im Lebensbereich der „Patres", also vor allem der Klosterleitung) ergänzt oder ersetzt wurde. Die oft einfach verklingenden und ohne besonderen „Schluss" gestalteten Sätze der Quartette weisen entsprechend auf ein Abwechseln von Spielen und religiöser Lesung bzw. religiöser Meditation. Doch wäre eine Viersätzigkeit dazu nicht vonnöten gewesen; deshalb: stellen sie letzteres möglicherweise von sich aus dar?

*

Im Zusammenhang des sog. Op. 9 gehen Literatur und auch Platteneinspielungen von der folgenden „Reihenfolge" der Quartette aus: D-moll (9/4) – G-dur (9/3) – C-dur (9/1) – Es-dur (9/2) – B-dur (9/5) – A-dur (9/6). Denn in dieser Reihenfolge sind die Quartette in Haydns Entwurfkatalog verzeichnet. Es könnte sein, dass dies die Reihenfolge der Komposition wiedergibt; doch ist damit auch eine „gemeinte" Reihenfolge eines „Zyklus" verbunden, zumal, wenn diese möglicherweise an einem übergeordneten Thema sich ausrichtete, dem die Sujets der einzelnen Quartette gehorchten? Tatsächlich spiegelt ja die offizielle Zählung, mit dem C-dur-Quartett beginnend, die Reihenfolge der Druckausgaben wider (die Haydn nicht selbst veranlasst hat!); und auch diese könnte eine „gemeinte" resp. praktizierte Reihenfolge sein oder der Ordnung eines Rahmenprogramms entsprechen.

Dass ein Zyklus mit C-dur beginnt, erscheint von sich aus nicht abwegig. Die Themenanlage des *Moderato* (I.) in Op. **9/1** verhält sich anfangs eher „strophisch" u. d. h. in abgezirkelten Taktgrößen, während die Fortsetzung sich eher „problematisch" gibt. Vielleicht kann man Haydn grundsätzlich situatives Denken unterstellen: das Spielen lässt uns prozedual(!) an einer Situation eines Äußerns teilhaben, das sich in unterschiedlichen Formen vollzieht, stets aber insgesamt in einer bestimmten Weise charakteristisch bleibt. Solches garantiert auch die begrenzte thematische Substanz. In der Durchführung finden wir dann besondere zusätzliche Vorgänge, wie „Wälzen", unterschiedliches Beleuchten (im Modulationsgang), Verdichten und Innehalten als menschliche Äußerungsformen... Solches globale Äußern (als einleitende „Themenstellung") zieht im Menuet (II. *Un poco allegretto*) eine wie konsequente Folgerung nach sich, zwar in sich mit Erörterung, aber doch hier in besonderer Weise bestimmt, auch wenn das Trio zusätzliche wie auslegende Argumente auftürmen lässt: Am Schluss des Da Capo erscheint hier nochmals das Anfangsmotiv, wie eine Erinnerung oder Mahnung. Dem tritt nun im *Adagio* (III.; ein Siziliano?) eine wie tröstliche(?) Einsicht zur Seite oder entgegen. Diese ist durchaus als Vertiefung und Überlegung gestaltet, so, dass die Reprise (A') zu einer „Überzeugung" wird. Auch der „Trug" im Gegenklang erscheint darin überraschend vertiefend und in die Schluss-„Kadenz" mündend. Ein freudiger „Ausruf", wie eine freudige Mitteilung der Allen unter sich, beendet im Finale (IV. *Presto*) den Zyklus.

Setzen wir uns das Es-dur-Quartett (Op. **9/2**) daneben, so beginnt dies (I. *Moderato*) ganz anders, wie eine Ankündigung einer Mitteilung eines Wichtigen, das erst in einem Seitengedanken näher expliziert erscheint und dann einen dritten Gedanken hervorruft usw. Auffallend auch (wie in einigen Sätzen der 18 Quartette) die auskomponierte Überleitung zur Wiederholung, so, als sei das mit der Exposition Zu-Äußernde besonders bedeutsam! Die Durchführung gibt sich hier erst einmal geheimnisvoll, dann wie Argumente aufzählend und steigernd, um auf den Seitengedanken zurückzukommen. Der II. Satz (*Menuet. Allegretto*) mit seinem wie absichtsvoll zweiteiligen „Äußern", in der Exposition relativ lang und bekenntnishaft, erscheint hier wie eine Einsicht in eine „Wahrheit", dabei irgendwie bescheiden und sich-abfindend.

Das Trio scheint zusätzliche „Thesen" oder Fragen aufzustellen, die offen bleiben. Entsprechend geheimnisvoll und wie eine wundersame Erscheinung beginnt dann der III. Satz (*Adagio. Cantabile*). Erst nach einer Einleitung (einer „Ankündigung"?) erfolgt eine Art wundersame Verkündigung, wobei hier die Technik der Prolongierung eines Melodischen als Mittel der prozedualen Teilhabe an einer Situation zu studieren ist.[3] Solches (auch kontrapunktisch gearbeitete) Melos zielt auch hier auf einen Höhepunkt (der „Kadenz" der ersten Violine) und eine Fortführung, schließlich mündet es in eine codaartige Überleitung zur Wiederholung, – ohne den Einleitungsabschnitt: Der erste Abschnitt bleibt sozusagen vor dem Satz; er wird innerhalb der Wiederholung des A-Teils nicht nochmals aufgenommen. Und das Finale (IV. *Allegro di molto*) gibt sich wie eine diskursive Reaktion, zu der unterschiedliche Strukturteile aneinander gereiht werden, zwar voneinander abgeleitet, aber doch je selbständig. Auch hier hören die Sätze, auch das Finale, ohne eine besondere Schlussgestaltung einfach auf, während der III. Satz tatsächlich regelrecht verklingt, – als ob eine Erscheinung verlösche.

Sicher, man kann aus der quasi-rhetorischen Form des Spielens (und Mit-Spielens), aus der wahrnehmbaren Folge mutmaßlicher Intentionalitäten nicht auf einen Inhalt schließen. Doch kann man aufgrund des Höreindrucks doch manche Assoziationen ausschließen und sich anderen möglichen Assoziationsbereichen – und das ist sicher kaum mehr als reine Spekulation – vorsichtig annähern. *Ein solcher Assoziationsbereich böte sich hier (auch im Bezug zu einer klösterlichen und auf besondere Feiertage bezogenen Verwendung!) mit dem sog. Marienleben an.* Geht es in den Quartetten Op. 9 um (ausgewählte) „Bilder" aus dem Marienleben?[4]

---

[3] Finscher vergleicht den Satz mit einem Präludium plus Kantilene.

[4] Es gibt in den habsburgischen Landen und vor allem in Österreich unzählige Marienheiligtümer. Das (heute noch) prominenteste ist wohl Mariazell, genauer: die Basilika »Maria Geburt« in Mariazell (Obersteiermark), mit der »Gnadenstatue *Magna Mater Austriae*«. Der bis 1713 in Eisenstadt regierende Fürst Paul, der selbst fast sechzigmal nach Mariazell gepilgert war (und seinen Untertanen befahl, einmal jährlich solche Wall-

Gegenüber dem Es-dur-Quartett erscheint das in G-dur (Op. 9/3) entspannt. Sein *Moderato* (I.) fängt „unmittelbar" an und verknüpft unterschiedliche Gedankenteile. Das thematische Voranschreiten erscheint sehr disparat, wie die absichtsvolle Verknüpfung unterschiedlicher Gesten. Nach der Durchführung, – eine veränderte Reprise. Der Satz ist mit 4 Minuten relativ kurz. Der II. Satz (*Menuet. Allegretto*) fasst sich noch kürzer (zweieinhalb Minuten). Er verfährt weitgehend zweistimmig, scheint als Reaktion auf das *Moderato* gleichsam eine Frage zu formulieren, was hier geschehen sei, die einen diskursiven Anhang herausfordert. Der B-Teil begründet zwar, geht aber wieder in eben diese Frage über. Dem schließt sich das kontrapunktisch gearbeitete Trio in Details an. Als Konsequenz daraus gibt sich der III. Satz, ein *Largo*, selbst wie eine „Verkündigung". Er erweckt den Eindruck eines gütigen Überzeugenwollens mit Einsicht und wesentlichen „Wahrheiten" (Unisoni). Dem folgt ein präludiumartiger Abschnitt mit Kantilene darüber und ein Schlussteil, wieder mit „Kadenz" und einer über einem Moll-Einbruch bewerkstelligten „Aufhellung". Die Unisoni verleihen Gewicht, wie Kernsätze, die danach explizit werden. Der IV. Satz folgert gleichsam ein „freudiges Ergebnis": „Nun wissen wir..." o. ä.; auch dieser Satz endet unvermittelt. In gewissem Sinn „herausfallend" ist es schon, dieses *Largo* in C-dur(?) von sechs Minuten innerhalb eines Quartetts von nur 15 Minuten Spielzeit und mit dem Charakter eines „Ich sage Euch! Ihr werdet..." (Unisono).

Am Quartett Op. **9/4**, dem D-moll-Quartett (dem ersten in Haydns Entwurfkatalog), kann man sich bewusst machen, welche Möglichkeiten Haydn zur Verfügung stehen, Intentionalität in ein

---

fahrt zu unternehmen), hat mehrere Marienheiligtümer erbauen lassen. Auch die beiden Dienstherren Haydns, Paul Anton und Nikolaus, waren jesuitisch erzogen. Nikolaus ließ zwischen 1770 und 1777 die Bergkirche zu einer Marienkirche ausbauen. Und schließlich war auch Haydn im kirchlichen Internat sozusagen der Wiener Sängerknaben aufgewachsen. Wo, bitte, konnte sich die je in der persönlichen Identität verankerte Religiosität von Komponist und Dienstherren ausleben? Nur in den vergleichsweise wenigen Messen und kirchlichen Kompositionen?

Spielen bzw. Hören umzusetzen, auf der Grundlage eines konkret musikalisch (und eben nicht sprachlich!) u. d. h. thematisch Gefassten. Auffallend in den 18 Quartetten erscheint oft eine Art Prolongieren eines Thematischen. Es besteht in der Bildung eines gleichsam unendlichen Melos, in einer Art musikalischer Prosa, wie wir sie vielleicht am eindeutigsten im Es-dur-Quartett von Op. 20 verfolgen können: wie die beständige Fortsetzung eines Gedankens in einer Art Gedankengang (Prosa). Auch der erste Satz von Op. 9/4 beginnt mit einem solchen Verfahren der Prolongation, zuerst durch variatives und tonlich angehobenes Wiederholen eines Motivisch-Thematischen, hinter dem eine nochmalige Aufnahme in den Durgedanken wechselt, was einen resultierenden Schlussgedanken hervorruft, der den Gedankengang vorläufig zuende bringt. Die Thematik des II. Satzes ist eher dialogisch angelegt; der Satz erscheint wie eine Erörterung als Reaktion auf das mit dem ersten Satz Intendierte. Dem steht das Trio wie ein einsichtsvolles Einreden von dritter Seite gegenüber, das den Diskurs (des Dacapos) neu begründet. Der Satz – ein *Menuet* – läuft vielleicht Gefahr, allzu „programmatisch" zu werden; dadurch gerät der Satztypus in Gefahr, der aber die Grundlage der „Lebensform" Mit-Spielen bildet! Dies „verhindert" die thematische Arbeit; mit ihr bleibt das Spielen und Hören im einmal gewählten Ausdruck und kann doch mit einer intentionalen Ausdrücklichkeit agieren.[5] Aber auch ein Diskurs (wie in diesem Satz) kann per Prolongierung eines thematischen Ansatzes gebildet werden: als immer wieder Angliederung, dem der Mittelteil wie ein Bedenken gegenüber steht. Das prozeduale Vorgehen

---

[5] Der Vollständigkeit halber: Dem Prolongieren eines einmal begonnenen thematischen Bildens (im Sinne eines epischen Äußerns)steht als zweite Möglichkeit die sog. Thematische Arbeit gegenüber, die latent ein dramatisches Moment enthält. Als eine dritte Möglichkeit des Formulierens eines Prozesses erscheint die zeilenweise Ergänzung zu vergleichsweise „Strophen", deren Zeilen und Bau ein Gemeintes tragen. Schließlich bleibt der „Dialog" bzw. Diskurs, die Fortführung mit gegensätzlichen Gedanken/Gestalten. Wir können sie als jeweils mit einer gewissen Intentionalität kommunizierende „Formen" gedanklichen musikalischen Handelns ansehen.

ließe sich zwar recht konkret beschreiben, kaum aber konkret benennen bzw. eindeutig deklarieren. Das soll wohl auch nicht sein. Auffallend sind aber die prozedualen „Richtungen", auch das Innehalten in einer Art „Trug", das „Ausweichen" in andere harmonische Bereiche, das Immer-wieder-zum-gleichen-kaden-ziellen-Schluss-Kommen am Ende der einzelnen Gedankenakte.

Eignet dem II. Satz vielleicht ein Charakter der plötzlichen Erleuchtung, die sich im Äußern und im Diskurs bemerkbar macht, so erscheint der dritte, ein *Adagio. Cantabile* in B-dur, mit einer Art Ankündigung zu beginnen, welcher statt der Fortsetzung erst einmal ein Neuansatz folgt, dessen Prolongierung darauf aus scheint, von einem Zu-Verkündigenden zu überzeugen. Entsprechend folgt das *Finale. Presto* (IV.) als ein absichtsvoll diskursives Reagieren, das in sich wie Fragen und Ansätze des Suchens enthält. Das D-moll-Quartett ist eines der beiden im Op. 9, das mit einem einigermaßen definitiven Schluss endet. Doch beenden die vorhergehenden drei Sätze ihr Spielen je mit einem ausgesprochenen Verklingen.[6]

Eine Besonderheit stellt das B-dur-Quartett (Op. **9/5**) dar. Sein I. Satz ist ein *Poco-adagio*-Satz, ein höchst melodischer „Liedsatz", fast ein *Andante* in intensivem homophonem Fortschreiten und gleichsam gebundener „Sprache". (Ist er eine indirekte Antwort auf das „Fragen und Suchen" im letzten Satz des vorausgehenden Quartetts?) Die dem Thema, fast ein „Lobpreis", folgenden Variationen orientieren sich an einem öfter gebrauchten Muster: Während Variation 1 in einem Umspielen der oberen Satzbegrenzung besteht, verfährt Variation 2 ebenso mit der unteren Satzbegrenzung, hier allerdings in Korrespondenz mit den Violinen; der Satz gerät „in Bewegung". Variation 3 erscheint eher als Umspielung

---

[6] Dies lässt darauf schließen, dass jene 2 Quartette, die einen definitiveren Schluss aufweisen, möglicherweise den Schluss je einer Gruppe von drei Quartetten bilden, wie wir das auch in den Sinfonien nahegelegt haben. Dort allerdings haben wir (zu einem späteren Zeitpunkt) Mollsinfonien als Mittelzyklen einer Trias angesehen. Was bedeutete dann aber hier der definitivere Schluss des Mollquartetts, einen Schluss als „Leiden", wie er dem „Marienleben" wohl anstünde?

einer „Mitte" (von der Viola aus?); und Variation 4 nimmt das Thema wieder sozusagen „rein" auf, ziert es aber in den Wiederholungen kostbar aus; ein angehängter Schluss mit einem Unisono scheint gleichsam ein Resultat zu ziehen oder eine Kernaussage zu bekräftigen.

Das *Menuet* (II. *Allegretto*) schließt sich wie ein Folgern daraus inform eines argumentativen Vorangehens an: „wenn das so ist, dann...",. Das Trio setzt zusätzliche argumentative Vertiefung(?), macht einen „Vorschlag", bleibt aber wie eine Frage offen! Dagegen setzt der III. Satz, ein *Largo cantabile* in Es-dur, sozusagen ein feierliches Auftreten, wie ein Verkündigen; die Einwürfe der Instrumente wie Argumente, die überzeugen wollen. Eine ungeheuere Tröstung scheint von diesem Spielen auszugehen, eine Spende des Friedens. Kann man sich dies als ein Auftreten bzw. als ein „Wort" Christi mitsamt seinem Segen in der oft wiederholten Geste vorstellen? Die thematische Kontur gibt sich z. T. wie deutlich sprachgezeugte Gestalt, die oft im Sinne eines „Ich aber sage euch..." wiederholt bzw. eingesetzt wird. Und die „hohen Stellen" + Unterstimmen-Unisoni, – stehen sie für ein „Bekräftigen"? Im zweiten Teil – mit auch hier satztechnisch zumindest „auffallenden" Stellen?! – vollziehen wir eine Durchführung aus einem Argumentieren unter kontrapunktisch (z. T. in Terzen) geführten Violinen mit, wobei die Erste Violine in den besonderen Schluss mündet. Dem schließt sich das Finale (IV. *Presto*) wie ein Ausdruck einer Befreiung (durch das „Wort") an: als ob eine Erscheinung verloschen sei und man nun erstaunt suchte, aber gleichzeitig über die „Botschaft" erfüllt und erfreut wäre. Zwar enthält die Durchführung Passagen des Fragens, des Unsicherseins und Innehaltens, aber auch eine solche eines „Jetzt wissen wir!", eine Freude über das „Ergebnis". Und diese „Freude" überm Orgelpunkt(?), gelangt in ein Innehalten, wie Frage und gleichsam Gegenrede; und sie endet mit dem Anlaufen in die tanzartige Orgelpunktpassage sehr nachdenklich! Auch hier ein „Aufhören", ein eher „nachdenklicher" Schluss, wie ein „Man wird sehen müssen...".

Das A-dur-Quartett nun (Op. **9/6**) beginnt mit einem als *Presto* bezeichneten I. Satz. Doch ist dieser kein *Presto* im Sinne eines Finales. Und doch erscheint er wie „zusammenfassend", gleichzeitig aber einleitend, neugierig machend, gegenüber dem vorhergehenden Quartett eine vollkommen neue Situation skizzierend. Dem Hauptsatz, thematisch gleichsam ein „Klopfen" einschließend, folgt ein Seitensatz voll Optimismus, seinerseits nun gefolgt von unterschiedlichen thematischen Gedanken, u. a. einem überm Orgelpunkt: als ob hier unterschiedliche Eindrücke und Argumente zusammengetragen würden. Doch auch dieser Satz „geht vorüber", er hört auf, ohne eigentliche Schlussgestaltung.

Der II. Satz (*Menuet*) mit redendem Gestus scheint ein gemeinsames Ergebnis ziehen und dieses ausführlich darlegen zu wollen. Doch Fragen und mögliche Bedenken bleiben (Trio in Moll). Dem steht nun der III. Satz (*Adagio*) als eine „Einsicht" entgegen, als Entfaltung einer neuen Idee („ja, so mag man das, kann man das, so wollen wir das sehen, aber…"). Über einem figürlichen Grund entfaltet das Spielen eine Kantilene (→ Melos!), die als Geste wie ein Überzeugen-Wollen wirkt. Ist das charakteristische Motiv eine Art Mitleidsgeste? Die Durchführung erscheint in diesem Sinn wie tröstend; und auch hier mündet die Reprise in eine „Kadenz", um danach kurz angebunden „aufzuhören". Dem folgt als Finale (IV. *Presto*) ein aufgeregtes Hin und Her, durchaus „ergebnishaft", mit Läufen, wie eine Bestätigung; überraschend kurz, aber mit dezidierten Schlussakkorden ein wirkliches „Ende" markierend.

Es ist auffallend – nochmals sei es betont! –, dass viele Sätze regelrecht verklingend aufhören, so, als käme unmittelbar etwas nach; vielleicht eine neue Lesung, aber eher eine Meditation oder gar eine gewollte „Stille"? Die Umstellung der Quartettfolge in die Reihenfolge des Drucks (bzw. der Reihung bei Hoboken) bringt durchaus Sinn in die beiden Dreiergruppen: als je eine Entwicklung „von→zu". Anderseits, wenn man die Quartette sowieso als einzelne gebraucht(e), ist eine solche Gruppierung kaum notwendig... Die Frage ist nun: wie verhält sich dies bei den anderen beiden Quartett-Zyklen? Haben auch sie ähnliche „Folgen", ähnliche Schlüsse in den Sätzen?[7]

*

Tatsächlich gleichen die Quartette von Op. 17 in der Druckreihenfolge einer Art „Zweitem Band" von Op. 9. Auch hier steht als Nr. 4 ein Moll-Quartett, auch hier enden die meisten der Sätze als ein Verklingen resp. in einem unscheinbaren „Aufhören". Dies trifft auch auf die Schlusssätze zu, von denen nur die Quartette /1 und /4 (letzteres also wieder ein Quartett in Moll) einen etwas definitiveren Abschluss aufweisen, wobei dieser in beiden Fällen aus der besonderen Intentionalität des Satzes zu resultieren scheint. Eine weitere Abweichung besteht in den ersten Sätzen des dritten und des sechsten Quartetts, in denen das *Moderato* durch ein *Andante grazioso* bzw. durch ein *Presto* ersetzt ist.

Das E-dur-Quartett (Op. **17**/1) beginnt wie ein Merkspruch, wie „anstelle" eines metrisch gefassten Textes, rhetorisch aufgenommen und erläutert; ist dies die Formulierung eines Versprechens? Man hat das Gefühl, man könnte eine je gestische Intentionalität bis in einzelne Taktgruppen verfolgen! Auch das *Menuetto* (II.) – in den Quartetten /1 bis /3 mit *Allegretto* näher bestimmt – strahlt Gewissheit und ein Als-ob einer Konsequenz aus: „Wenn das so ist, dann...". Ihr scheint das Trio so etwas wie eine Selbstanklage zur Seite zu stellen. Und wie in allen Quartetten stellt sich mit dem „Auftreten" im III. Satz, hier in E-moll(!?), eine Ernsthaftigkeit, vielleicht sogar „Trauer", nicht aber unbedingt „Schmerz" ein. Dazwischen aber erfolgt eine Art Tröstung, Selbsttröstung, in der Variation des Themas in das Durgeschlecht(?). Das Finale (IV.), ein *Presto*, beschließt danach wie mit einer „posi-

---

[7] Dass solches „Aufhören", ja manchmal regelrecht Versickern der Sätze, durchaus auch bei späteren Quartetten begegnet, dies könnte ein wesentliches Charakteristikum des mit ihnen entworfenen Spielens als „Andacht" bilden, das eben in diesen 18 Quartetten (aus dem religiösen Feld der Sujets) ausgebildet wurde.

tiven" Entdeckung resp. Idee, die irgendwie „herausführt". Doch verklingt auch dieser Satz, wie hier alle Sätze, als entließen sie die Spielenden und Mit-Spielenden in ein Nachsinnen.

Einige dieser Merkmale wiederholen sich im F-dur-Quartett Op. **17/2**. So der Ausgang aus einer wie metrisch gefassten thematischen Bildung. Doch gibt sich sein *Moderato* eher wie ein *Allegro*, tatkräftig, und doch in eine Art Bedenken mündend, – auch wieder ein Satz, der ob seiner eigenen Technik der Fortführung ohne eine konkrete Sujet-(=Situations-?)Vorstellung kaum denkbar erscheint. Ebenso schwer zu bestimmen ist die „Struktur" im II. Satz (*Menuetto. Allegretto*) mit seiner thematischen Prolongation, aus einem wie gestisch gezeugten Kern gleichsam „inhaltlich" fortgesponnen. Dem steht nun im III. Satz (*Adagio*) so etwas wie eine Arie in B-dur zur Seite, eine Art „Bekenntnis", z. T. wie nach Worten suchend, wie in sich gekehrt, und dann über eine dramatische Modulation wie verzweifelt in eine offene Frage und in die Wiederaufnahme des A-Teils mündend. Dass der Satz mit einer Vorhaltsauflösung aufhört und sozusagen wie in der Schwebe verbleibt, das unterstützt dem Finale (IV. *Allegro di molto*) dessen Charakter eines Ergebnisses als Mahnung, eben nicht unbedingt als „Feiern", eher als eine „Moral der G'schicht" oder gar eine Art Abrechnung, die mit zwei Akkorden wie mit einem vorläufigen (unbefriedigenden) Ergebnis schließt.

Möglicherweise hat dies für die Folge der Quartette eine Funktion. Denn der I. Satz des Es-dur-Quartetts (Op. **17/3**) ist ein *Andante grazioso* im 6/8-Takt?; er nähert sich einem dritten Satz an, gibt sich aber relativ lebendiger als ein Moderato. Solcher Beginn setzt dem Schluss des vorhergehenden Quartetts eine Art Feststellung entgegen, die mehrmals aufgenommen und expliziert wird, bevor das Spielen durchaus dramatisch in den Seitensatz moduliert. Der Satz ist ein Musterbeispiel dafür, wie wir ein solches Spielen uns als eine gleichsam menschliche Aktivität aneignen (= ihr „folgen") können, ohne konkret die Worte für die Ausdrücklichkeit finden zu können, zu müssen, ja auch wohl zu sollen. Wir finden uns versetzt in eine „(Durch-)Lebenszeit"; und diese endet unvermittelt, wenn auch hier mit einer Art Betonung(?). Das

Menuetto (II. *Allegretto*) erscheint demgegenüber wie ein erleich-
terter Ausruf („Da siehst Du's…"), wie eine einsichtige Konsequenz, und das Trio gleich einer eloquenten Gegenrede. Doch
auch hier hört das Dacapo des *Menuettos* einfach auf, – es kommt
ja noch etwas… Und was hier kommt, das ist ein Adagio in As(?),
in welchem vor allem die „sprechenden" Figuren eine wesentliche Rolle spielen, die zwar ab und an in eine „einfache" Begleitung übergehen und dann auch mit der über den Figuren ge-
spannten Kantilene verschmelzen. Doch macht sich die Erste
Violine wieder frei und schwingt sich auf, strebt in eine „Kadenz"
und dann in eine Art Nachspiel, bevor die Wiederholung des
Anfangsteils wieder aufgenommen wird. Auch dieser Satz
schließt mit einer Vorhaltsauflösung, ganz unspektakulär, als ob
das gesagt wäre, was zu sagen war… Dem schließt sich wie eine
„Lösung" der IV. Satz (*Allegro molto*) an, ganz im Sinne eines „"Na
siehst du, ich hab's ja gesagt…"; allerdings „feiert" er in einer z. T.
fremdartigen Weise mit einem „Tanz" über einem Bordun. Doch
auch er verklingt regelrecht.

Dass solches Hörnotat immer nur eine Möglichkeit des *momen-
tanen* Mitvollziehens des angenommen intentionalen Meinens
sein kann, das zeigt sich hier besonders. Ein Hören zu einem
anderen Zeitpunkt verfolgte den I. Satz wesentlicher thematisch;
dieser erschien ihm als Versuch, ein Thema zu prolongieren, wie
eine Aussage mit vielen Nebensätzen, Einschaltungen und Er-
gänzungen, also als eine Art Prosa. Anders die Durchführung:
diese enthält thematische Arbeit… Haydn bringt mit ihr ein kom-
paktes Ganzes zuwege, das selbst sich als eine einheitliche Äußerung darstellt. Dabei fällt besonders der III. Satz heraus, gleich
einem „Auftreten" im Sinne von „Ich aber sage euch…". Und
dem schließt sich der IV. Satz, das *Allegro molto*, im Sinne von
„Nun wissen wir, dass…" an. Hören als Versuch, die Intentionalität musikalischer Bildungen als *auf sich selbst bezogen selbstmeinend
mitzuvollziehen*, realisiert sich stets als Mischung dessen, was und
wer man selbst ist, und dessen, was man gleichsam mitgenommen wahrnimmt. (Dabei aber kommen wir dem Zweck des
Haydnschen Entwurfs, sich als Mensch im typischen Sinn wahr-

zunehmen, nur(!) scheinbar und nur bedingt nahe.[8] Denn ginge es denn anders? Wohl kaum!)

Im Quartett Op. **17/4** in C-moll beginnt der I. Satz (*Moderato*) wie eine ernste „Aussage"; der thematische Beginn wird nochmals zur thematischen Arbeit aufgenommen. Alles geschieht mehrheitlich über durchgehenden Achtelakkorden. Auch die Durchführung „erörtert" gleichsam die Eingangs-„Aussage", um dann sequenziell zur Reprise überzugehen. Das Unisono am Schluss erscheint wie eine Generalaussage, deren „Eindruck" im kurzen Nachspiel wieder „versickert". In Satz II. (*Menuetto. Allegretto*), in C-dur?, tritt in der vertrackten Prolongation der Diskurscharakter hervor; sein Ausklingen wird im Trio mit gleichsam anklagenden(?) metrischen Verschiebungen konfrontiert. Auch hier nimmt der Schluss das Anfangsthema nochmals auf, das gleichsam in der Luft stehen bleibt, womit der Satz einfach aufhört.

Das ist sicher mehr als nur eine Parallele zur sprachlichen Dichtung. Ist das Spielen (hier) gerichtet auf? Wenn ja, auf wen? Sicher (noch) nicht auf einen Hörer im allgemeinen Sinn, sondern in nuce auf die Spielenden und im Kleinen Kreis Mit-Spielenden. Und sicher liegt hiermit *eine besondere Form des Selberspielens* vor. Wenn die Komposition hier einen Entwurf für ein musikalisches Tätigsein in Ausdrücklichkeit darstellt, und dies auch für die Mit-Spielenden, dann können, dürfen, ja sollen wir durchaus annehmen, dass die Entwürfe in einer so-gearteten Konzentration der Struktur, Stimmigkeit und Klangfarbe durchaus *für ein vergleichsweise intimes Ausleben, hier möglicherweise einer persönlichen Religiosität,* gedacht sind. Dass diese unbestimmt, titellos und ohne Angabe eines konkreten religiösen Sujets bleibt, das liegt in der Natur der Sache. Doch bedeutet dies keinesfalls, das Haydn nicht selbst (notwendig für den Kompositionsakt) je ein Sujet (ein „Textliches", ohne dieses zu „vertonen") vor Augen hatte. Die Zeit und die Welt Haydns hat dies wohl intuitiv „verstanden".

---

[8] Auch ein religiöser Background käme ohne eine gewisse Typik nicht aus: das zu vergegenwärtigen, was Menschen (denen eine gemeinsame Religiosität zu unterstellen ist) in dieser Gesellschaft tun!

Die gestisch intentionale Verwandtschaft vergleichsweise zu Dichtungen wie Brockes' „Irdischem Vergnügen in Gott" oder Gellerts „Geistliche[n] Oden und Lieder[n]" erscheint mir/uns überaus deutlich.[9] So gesehen bilden die Streichquartette Op 17 und möglicherweise die drei Zyklen mit Op. 9 und wohl auch Op. 20 eingeschlossen, den legitimen Nachfolger etwa der Bach-Kantate oder der Gellert-Lieder seines „Berliner resp. Hamburger" Sohnes in den beiden Generationen davor, doch nun noch wesentlich weiter ins Allgemeine und Abstrakte gehoben, aber noch heute *als „Ausdruck" einer quasi-religiösen Besinnlichkeit* als/im Spielen und vor allem als/im Hören realisierbar.[10]

Im Zentrum einer derartigen persönlich-religiösen Intimität steht je der langsame und in Op. 9 und Op. 17 stets III. Satz, hier, in Op. 17/4, eines der Adagios mit dem Zusatz *Cantabile*. Diese langsamen Sätze, oft geradezu arienhaft, geben sich fast wie eine „heilige Handlung" i. S. einer wesentlichen Wortverkündigung oder -einsicht. Auch hier setzt das Spielen anfangs ein „Thema", das nochmals über „sprechenden" Figuren aufgenommen erscheint (ähnlich 17/3, III). Doch werden hier die Figuren durchgehend wie eine Hauptsache behandelt; sie gehen auch in der Durchführung sehr schnell ins Modulieren über, um schließlich doch der Dominanz der Kantilene zu weichen und das Spielen in eine „Kadenz" auflaufen zu lassen. Auch hier verschmelzen die Kompartimente am Schluss, während das Nachspiel in einem Verklingen endet. Geht es um eine weise Einsicht aufgrund viel-

---

[9] Eine Annahme einer direkten „Verwandtschaft" über sozusagen sprachgezeugte Themen scheitert aber an der vollkommen eigenen Metrik von Gellerts Dichtungen. Eine wesentliche Brücke könnte aber in den Vertonungen C. Ph. E. Bachs bestehen, deren „Ton" in manchem etwas mit dem Verlauf der Streichquartettsätze Haydns gemein hat. Vgl. zu den Gellert-Vertonungen des Bachsohnes das entsprechende Kapitel in: Dietmar Ströbel, *Seinen Glauben selber singen...*, Norderstedt 2017, S. 241-276.

[10] Bei C. Ph. E. Bach sind auch einige der Berliner Klaviersonaten direkt mit den Liedern in Verbindung zu bringen; ich gehe aber nicht davon aus, dass Haydn hier Dichtung „vertont", obwohl in manchen Sätzen eine sprachgezeugte Thematik als Ausgang naheliegen mag. Eher können wir das einzelne Quartett hier als eine parallel und in Anregung religiöser Dichtung entworfene menschliche Situation begreifen.

leicht persönlicher Erfahrung in Überzeugungsabsicht auf der Basis einer Argumentation? Satz IV., das mit *Allegro* bezeichnete Finale, erscheint wie eine plötzliche „Einsicht" („Ah, jetzt weiß ich, versteh ich…"); trotzdem kann „Einsicht" zu Gegenargumenten und zur Trauer Anlass geben, aber auch zum Trost, – wie die Coda vor dem hier relativ definitiven Schluss!

Op. **17/5** in G-dur gibt sich demgegenüber wie der Ausdruck einer Zufriedenheit in der Welt. Der I. Satz, mit *Moderato* bezeichnet, erscheint erst einmal als „Lied" – wobei sich hier ebenso, wie im Quartett Op. 17/6, eine „Verbindung" zum Selbstgesprächlichen etwa der Gellert-Texte besonders aufdrängt – und dann als (relativ ausführlicher) Satz mit Variationen. Welchen Sinn hat Variation? Einerseits den der Prolongation, des Aufrechterhaltens der „Stimmung" oder Situation bei gleichzeitigem Vertiefen und Hinzufügen von Facetten. Variieren ist an und für sich für ein Selbstspielen im Sinne des Versuchens eines Immer-besser-und-das-heißt-nachdrücklicher-Machens interessant, das von den Spielenden vereint in *einer* Situation angegangen wird. Andererseits versteht es sich parallel dem Liedsingen, indem die Variationen gleichsam Strophen artikulieren, von denen die letzte das inhaltlich Intendierte nochmals mit Bestimmtheit hier im Sinne eines Lieblichen und eines mit Ernst gepaarten Optimismus hervortreten lässt.

Dem „Aufhören" des Satzes stellt das *Menuetto* (II.), von einem Motiv ausgehend, gleichsam eine Frage entgegen, die erst einmal offen bleibt, dann aber zu einem vorläufigen „So ist's eben" führt. Dazu versucht das Trio eine Art „Erklärung". Aber auch dieser Satz löst nichts endgültig; auch er „hört einfach auf". Dem folgt nun das „In-Sich-Gehen" des *Adagios* (III.): wie ein inneres „Anschauen", Einsehen, eine Art Selbstgespräch (typisch auch für die Dichtungen Gellerts!). Oder meint der Satz mit seinen Passagen des innigen Einredens und des versöhnlichen Sich-Bekennens eine Art „Tröstung" von außen? Auch hier versickert der Schluss im nochmaligen Aufnehmen des Beginns, wie, um in ein Nachsinnen überzugehen… Dem folgt Satz IV. (*Presto*) als Ausdruck einer resultierenden Erleichterung; auch dieser Satz versickert mit dem thematisch Figürlichen im *piano*.[11]

Das D-dur-Quartett, Op. **17/6**, hat durchaus nichts „Herrschaftliches", wie die Tonart (in spätbarocker Tradition vermuten lassen könnte). In den Vordergrund tritt dagegen ein selbstreflexiver Zug, der an die Lieder des Bachsohnes erinnert. Auch die Gegengedanken wirken hier wie sprachgezeugt. Die Satzüberschrift *Presto* erinnert an eine wie zusammenfassende Funktion der *Presto*-Sätze in den Instrumentalzyklen. Und dies könnte hier ja übergeordnet für das gesamte Opus 17 der Fall sein; denn dieser erste Satz des letzten der sechs Quartette erinnert eher an ein *Moderato*; nur die Überschrift weist auf seine Funktion. Auch die Durchführung erscheint mit inneren Dialogen angefüllt, auch mit Unisonostellen, die zum Nachdenken anregen und in die Reprise überführen. Und im II. Satz, einem wie dazwischen geschalteten Einfließen bzw. Bedenken in bzw. aus alternative(n) Richtungen, verklingt wieder das Dacapo im Anfangsmotiv, wie um die Spielenden und vor allem Mit-Spielenden bereit zu machen für den III. Satz. Und dieser, ein *Largo* in D-moll(?), stellt nun dezidiert eine Art innere Konversation vor. Sein Beginn, durchaus wie in Trauer, führt zu einem Sich-Befragen in der Form eines Rezitativs. Dem folgt eine Art Arie sozusagen der befriedeten Seele, in Dur. Nach einem nochmaligen Rezitativ und einem zweiten Teil der „Arie" hört auch dieser Satz einfach auf. Und ähnlich, wie im Quartett davor, gibt sich der IV. Satz (nochmals ein *Presto*) wie einsichtsvoll „befreit". Und auch er entlässt uns mit einem Verklingen in das normale Leben…

---

[11] In einigen Sätzen der Quartette, und da auch in diesem Schlusssatz, fallen dem Hörenden scheinbare „Ungeschicklichkeiten" in der Stimmführung auf. Hat dies seinen Grund vielleicht darin, dass manches im Ursprung gar nicht als Quartettspiel entworfen worden war, sondern als ein Klavierspielen? Dies würde dem intim religiösen Charakter durchaus entsprechen (und eine Parallele in manchen der Klaviersonaten C. Ph. E. Bachs haben).

IV. Auf dem Weg zu einer lebensgeschichtlichen Zwischenbilanz? Die Streichquartette Op. 20

Das Durchhalten des viersätzigen Konzepts weist (zumindest auch) auf einen persönlichen Grund. Die Folgerung aus den Hörnotaten, dass es sich bei den um 1770 entstandenen Quartetten um so etwas wie „vertrauliche Gespräche mit Gott" als Ausdruck einer intimen persönlichen Religiosität handeln könnte, die noch dazu in Manchem vielleicht als ein betont privates Selberspielen als Klaviersatz entworfen worden waren, suspendiert keinesfalls von der notwendigen Frage nach einem Anlass. Denn zwölf bzw. achtzehn Quartette schreibt man nicht einfach so. Unsere verschiedenen Mutmaßungen darüber – allesamt selbstverständlich Spekulation! –, dass die Quartette

- für quasi religiöse Stunden „Kammermusik" des Fürsten (oder von Mitgliedern der fürstlichen Familie!) oder Haydns selbst und seiner Musikerkollegen

- oder für besonders feierliche, das traditionelle Schriftlesen musikalisch unterstützende Gelegenheiten des Mahles in einem der Klöster

- oder möglicherweise aufgrund eines Gelübdes[1], das Haydn angesichts des Abbrennens seines Hauses (1768) getan hatte,

entstanden sein könnten (vergleichbar der Entstehung von Mozarts C-moll-Messe!) schließen sich nicht aus. Doch können wir auch folgern, dass die unterschiedlichen Satzmodelle (Formmodelle) bei Haydn offensichtlich als Folge eines inhaltlichen Konzepts entstanden. Während eine „Empfindung" sich eher im „Liedsatz" (= in der sog. Liedform) entfalten und darstellen lässt, eignet der Übertragung eines „Themas" oder rationalen Vorgehens in einen Prozess des Be-Denkens vorwiegend der Sonaten-

---

[1] Der Zusammenhang mit einem Gelübde drängte sich mir beim Hören vor allem mit dem ersten Quartett von Opus 17 (E-dur) bzw. danach mit der Tonarten- und möglichen inhaltlichen Folge der Quartette dieser Opuszahl auf. Die sechs Quartette begleiten gewissermaßen Etappen einer geistig-religiösen Bewältigung eines diesem Gelübde vorausgehenden Ereignisses.

satz. Natürlich „experimentiert" Haydn mit der „Form" des Quartettspielens. Aber er tut dies keinesfalls einer Gattungsentwicklung wegen; diese ist gleichsam ein Nebenprodukt. Satzkonstruktion ebenso wie thematische Konstruktion stellen sich vielmehr als prozeduale Ausarbeitung eines je Intendierten dar, das aber, um allgemein mitvollziehbar zu sein, der tradierten „Formen" des Spielens und Mit-Spielens (Hörens) bedarf. Die Bevorzugung des *Moderatos* als Eingangssatz und des *Adagios* bzw. *Largos* als hier dritte Sätze weisen auf ein bestimmtes inhaltliches Konzept, das mit dem Komponieren noch in *selbstverständlicher* Weise verbunden ist. Die Frage ist: trifft dies auch für die Quartette von Opus 20 zu?

Orientierten wir uns, um einen Sinn der Reihung der Quartette Op. 17 zu erspüren, alleine an den Tonarten (etwa in der Charakteristik Schubarts), dann würde die numerische Folge, in der wir die Quartette angesprochen haben – (1.) lautes Aufjauchzen, lachende Freude; (2.) Gefälligkeit und Ruhe; (3.) Liebe, Andacht, trautes Gespräch (mit Gott); (4.) Liebeserklärung, Klage der unglücklichen Liebe; (5.) Idylle, befriedigte Leidenschaft, zärtlicher Dank; (6.) Triumph, Halleluja, Siegsjubel – kaum einen sehr sinnvollen übergeordneten Rahmen ergeben. Anders sähe es mit der Reihenfolge der Quartette Op. 17 gem. dem Entwurfkatalog, 2 (F) – 1 (E) – 4 (c) – 6 (D) – 3 (Es) – 5 (G), aus: Gefälligkeit und Ruhe; → lautes Aufjauchzen, lachende Freude; → Liebeserklärung, Klage der unglücklichen Liebe; → Triumph, Halleluja, Siegsjubel; → Liebe, Andacht, trautes Gespräch (mit Gott); → Idylle, befriedigte Leidenschaft, zärtlicher Dank. Hiermit wäre eher ein übergeordneter menschlicher Handlungsrahmen sichtbar! Doch bliebe dieser vollkommen abstrakt. Und es käme kaum die Frage auf, welche Art von „Thema" – wir können „Hoffnung" als Thema vermuten – hier gemeint sein könnte! Ist dies vielleicht ein Grund, sich eine „andere" Reihenfolge zu notieren?

Auch bei den Quartetten Op. 20 stellt sich möglicherweise das Problem einer (einem Rahmengedanken gemäßen) Reihenfolge. Während diese gem. Haydns Entwurfkatalog mit dem F-moll-

Zyklus (Op. 20/5) beginnt, scheint gerade von den Tonarten her die Reihung der Hoboken-Zählung einiges gem. der Tonarten-Charakteristik (im Bezug zu unserer religiösen Etikettierung) für sich zu haben: der Beginn mit Es-dur, bringt die drei Quartette, die den Menuett-Satz mit *Minuet* betiteln, in einen direkten Zusammenhang.

In der Literatur findet man Opus 20 als „Dokument einer Krise" bezeichnet, angeblich mit einer Übersteigerung der Affekte, „als Orientierungsverlust und Zerstörung der eben erst in Op. 9 und 17 gefundenen Ordnung".[2] Von daher versucht man sich die Quartettpause bis zum Opus 33 zu erklären. Doch eine Ordnung (des Entwurfkatalogs), die jene Quartette, die mit einer Fuge schließen, in aufsteigender Zahl ihrer Themen reiht, scheint mir (vom Hören her und als „Argument") kaum stichhaltig. Wenn Finscher bemerkt, kein Streichquartettopus „zeige ähnliche Vielfalt von Satzfolgen", dann neigen wir dazu, dies eher aus den zugrunde liegenden Sujets abzuleiten. Auch die Tatsache, dass alle Quartette (bis auf Op. 20/6) mit 22 bis über 25 Minuten wesentlich mehr Zeit in Anspruch nehmen – die durchschnittliche Spieldauer der Quartette Op. 9 ist 15 bis 18 Minuten (mit Ausnahme des B-dur-Quartetts) und jene der Zyklen von Op. 17 etwa knapp 18 bis 20 Minuten, wobei auch hier eines, das C-moll-Quartett um plus zwei Minuten abweicht – weist auf die Wesentlichkeit der musikalischen Formulierungen hier, die sich möglicherweise von einer solchen der „Themen" herleitet. Dass ausgerechnet das letzte mit ca. achtzehneinhalb Minuten das kürzeste ist, dies hat möglicherweise mit seiner Finalfunktion (als eine Art *Lieto fine*) für das gesamte Opus zu tun.

Selbstverständlich wäre eine Konkretisierung eines Themenzusammenhangs der sechs Quartette reine Spekulation. Wenn aber etwas an der Annahme zutrifft, dass die drei Zyklen als Ausdruck einer Religiosität der Trias von »Glaube, Liebe, Hoffnung« gewidmet sein könnten, dann neige ich dazu, Op. 20 (nach dem Op. 17 der »Hoffnung«) am ehesten dem Thema »Glaube« zuzuord-

---

[2] Vgl. hierzu Finscher, 404 ff.

nen. Und als Grundlage des menschlichen Bedenkens hier scheint mir persönlich der Schluss der Evangelien am nächstliegenden, das Bedenken der letzten Lebensstationen und der Auferstehung Christi als die zentrale Grundlage eines christlichen Glaubens. Darüber zu spekulieren, was darin die einzelnen Sätze „bedeuten", erscheint uns zwar aufgegeben, aber letztlich dem Hörenden überlassen. Denn dies bleibt ein Werk unserer Fantasie. Und letztlich geht es nicht um die Darstellung eines Geschehens, sondern um eine Art denkendes Vollziehen einer eigenen Betroffenheit, die durchaus Vorstellungen eines Geschehens zum Ausgangspunkt haben kann.

Dabei würde ich der zentralen Karfreitagsszene das D-dur-Quartett (Op. 20/4) zuordnen. Die Tonartwahl können wir hier durchaus als „königlich" (→ INRI) interpretieren. Und der erste Satz mit seinem „Klopfmotiv", ein eher aufgeregtes *Allegro di molto*, hat nichts Fröhliches, sondern etwas Ernstes und Feststellendes, mit z. T. hymnischem Charakter. Während die Durchführung sich z. T. wie ein aufgeregter Diskurs gibt, leitete die Reprise in ihrer „Beruhigung" wie zu einem „(Ent-)Schluss". Der Satz, ausgehend von einem bestimmenden Motiv, besitzt durchaus diskursiven Charakter, ein Hin und Her und durchaus auch wie fragend argumentierend, um sich schließlich gleichsam dreinzugeben und zu verklingen.

Dem folgt – hier nun an zweiter Stelle – der langsame Satz, *Un poco adagio e affetuoso*, bezeichnenderweise in D-moll. Der schwermütige Liedsatz, wie ein Betrauern, weist auf die Spielenden und Hörenden zurück. Variation 1, das Melos mit Vorhalten als durchbrochenen Satz vollziehend, vergrößert den schwermütigen Charakter; Variation 2, von Viola oder Violoncello her gedacht, macht die Trauer umfassender und Variation 3 bringt in der Umspielung der oberen Satzbegrenzung ein wie tröstendes Moment ins Spiel. Danach folgt nochmals das „Thema", mit einem langen Abgang versehen, mit „Aufstieg" und Innehalten im Unisono: Das Ende erscheint wie die Vorstellung eines letzten Aufschreis und ein Verlöschen in isolierten Kadenzakkorden.

Der Satz als Variationenfolge weist deutlich darauf, dass ein „Ich" am Werk ist, das hier – wenn überhaupt – Christi Tod bedenkt und nachvollzieht. Dem Karfreitagsgeschehen wäre hier durchaus das *Menuet alla Zingarese (Allegretto)* zuzuordnen, ein extrem kurzer Satz, wie ein Nebengedanke, dessen rhythmische Verschiebungen Vorstellungen wie Kräfte evozieren, die etwas hin und her zerren; auch die durchgehenden Läufe im Trio erinnern an den Streit um Jesu Gewandt. Dass dem nun ein *Presto e scherzando* folgt, mag im ersten Moment befremden. Doch der Satz erscheint intentional als eine Folgerung eines Subjekts, sich etwas vorzunehmen, das Bedenken (das ja letztlich auf die eigene Erlösung durch den Tod Jesu hinausläuft) in neue Bahnen zu lenken. (Ich nehme nicht an, dass der Satz etwas mit „Auferstehung" zu tun hat; dies gäben auch die Evangelientexte nicht her.)

Entsprechend der o. a. Zuordnung des D-dur-Quartetts wäre das folgende F-moll-Quartett (Op. **20/5**) dem Geschehen nach der Auferstehung zuzuordnen. Der erste Satz, ein *Moderato*, beginnt nicht eigentlich traurig und verhält sich zu großem Teil im Durmodus. Und der Seitensatz wirkt eher wie ein Trösten und dann wie eine Einsicht. Sicher, nach der modulierenden Arbeit in der Durchführung, bleibt der Seitensatz in der Reprise notwendig in Moll; doch wendet sich der Schlusssatz zu Dur und geht in eine dramatische Coda über, nach der der Satz plötzlich verklingt. Dem folgt das *Menuet* wie ein gehäuftes Fragen, vor allem im B-Teil. Und das Dur-Trio, sehr zart, wirkt wie ein „Augenöffnen". Auch hier verklingt der verlängerte B-Teil im Dacapo. Der III. Satz, ein *Adagio*, scheint mit seiner Siziliano-Charakteristik eine Erinnerung an das irdische Erscheinen Christi in der Krippe anzusprechen. Sein Thema wird wiederholt und umspielt und führt schließlich in wundersame Modulationen, um am Schluss in eine Art „Auflösung" zu münden. Auch dieser Satz hört dezidiert auf. Und es folgt – sehr folgerichtig – als IV. Satz und Finale eine Art *Credo*-Fuge, mit einer langen Coda, die sich nochmals steigert und mit einem Motiv endet, das wie vom „wahrhaftig auferstanden" (bei Lukas) o. ä. sprachzeugt scheint und zu einem hier definitiven Schluss führt. Die *Fuga a due soggetti* hat also – von unserem

Interpretationszusammenhang „Glaube" her gesehen – eine ganz bestimmte Funktion für das Subjekt: Spielen ist letztlich nichts, was sich vermeintlich ereignet, sondern es steht für das, was wir denken, und dafür, wie wir, uns bedenkend, handeln.

Dies trifft möglicherweise auch für den Schlusssatz des A-dur-Quartetts (Op. **20/6**) zu, dessen erster Satz, ein *Allegro di molto e scherzando*, in seiner befriedigenden Stimmung wie ein „Es ist vollendet" wirkt und freudige Bewegtheit und Optimismus ausstrahlt. Der E-dur-Satz, auch hier als *Adagio* an II. Stelle, hat durchaus *Andante*-Züge. Er nimmt (vielleicht absichtsvoll) die Tonart von Op. 17/1 auf. Auch dieser „einsichtsvolle" Satz, in den Modulationen gleichsam eine „Botschaft" wahrnehmend, verklingt in einer Vorhaltsauflösung, während das *Menuet*, dem Gedanken der Befriedigung gewidmet, ebenfalls unvermittelt aufhört. Und hier hat nun die *Fuga con tre soggetti* als IV. und letzter Satz möglicherweise eine fast liturgische Funktion, der Dreifaltigkeit eines „Gloria Patri…" entsprechend. Dass hiermit ein „Ende" festgestellt wird, dies bezeugt das apodiktische Unisono am Schluss, gefolgt von definitiven Schlussakkorden.

Dem steht nun der Beginn des Zyklus gegenüber. Sein möglicher Beginn mit dem Es-dur-Quartett (Op. **20/1**), demonstriert gleichzeitig die bereits an Op. 17 hervorgehobene besondere Art der Formulierung. Schon der I. Satz, ein *Allegro moderato*, beginnt mit einer sozusagen Prolongierung des thematischen Ausgangs, dann aber folgt ein Infragestellen; und die Rückkehr zu thematischen Formulierungen wirkt bestätigend, wie ein Resultat (eines Vorgangs). Das Spielen erscheint wie ein menschliches Aufwerfen eines Problems, zu dem alle (Spielenden) beitragen; und dessen „Drehen" und „Wenden" in der Durchführung und Scheinreprise(?) vollziehen wir wie ein immer wieder Neu-Beleuchten per Modulationen durch verschiedene Tonarten. Zwar verändert die Reprise das Spielen zu einem einsichtsvollen hin, doch das Problem bleibt. Dem fügt das *Minuet* (II. *Un poco allegretto*) das In-Aktion-Treten eines Argumentierens hinzu, das Trio schließlich den Ausdruck eines Bedenkens. Und nun folgt mit dem III. Satz

(*Affettuoso e sostenuto*, in As-dur und im 3/8-Takt) der Ausdruck eines „Friedens", hergestellt in sich fortzeugender Homophonie mit großer Empfindung in der oberen Satzbegrenzung. Diese fortzeugende Thematik, sie erscheint als gleichsam „unirdisches" Entströmen, als eine Art unendliches Melos. Und der IV. Satz, ein recht kurzes *Presto*, scheint Genugtuung über eine Art Ergebnis zu meinen, zumindest eine Art Resultat. Doch enden hier alle Sätze ohne definitive Schlussformulierung: Das Minuet hört einfach auf; die anderen drei schließen auf einer einfachen Vorhaltsauflösung.

Das folgende C-dur-Quartett (Op. **20/2**) ist das vielleicht ungewöhnlichste der sechs in diesem Opus. Das trifft gewissermaßen auf alle Sätze darin zu. Bereits der I. Satz, *Moderato*, ist mit fast 10 Minuten fast der längste aller Sätze in diesem Opus; ihm kommt nur das *Un poco adagio e affettuoso* des D-dur-Quartetts gleich. In seiner wie absichtsvoll zweigeteilten Exposition gleichsam ein „Bild" (unserer Interpretation nach) möglicherweise des Denkens an das sog. „Abendmahl" entwerfend, gibt sich die Durchführung dramatisch, während Exposition und Reprise durchaus auch geheimnisvolle Passagen enthalten. Auch hier verklingt der Satz mit einer wie eine charakteristische Geste wiederholten Figur. Dem folgt nun an II. Stelle das mit *Capriccio* bezeichnete *Adagio* in C-moll, ein Satz gewichtiger Worte. In der Mitte eine feierliche C-dur(?)-Kantilene über einer Figur, am Schluss wieder eine „Kadenz" und dann nochmals Unisoni, je in Kantilenentakte mündend; sie verklingen auch hier, aber durchaus wie ein Abschnittsende markierend. Das *Minuet* (III. *Allegretto*) gleicht einer wie unmittelbaren Reaktion in wie „sprechender" Zusammenstellung der Gedankenabschnitte und einem Trio im ausdrucksvollen Moll. Auch dieser Satz hört gewissermaßen einfach auf und macht dem aufgeregten Durcheinander des IV. Satzes Platz, der *Fuga a quattro soggetti*. Wenn wir dieses Quartett dem Abendmahls- und Ölberggeschehen zuordnen, dann begründet sich in der Reaktion die kontrapunktische Führung des wie Gegeneinanderredens aller, incl. einer schmerzlichen Chromatik und einem Unisono am Ende, das von zwei Akkorden relativ definitiv abge-

schlossen wird. Und es begründet sich eben im Sujet die Anlage
als eine *Capriccio*-Fuge mit vier Motiven, was der Zahl „aller"
Stimmen des Quartetts entspricht. (Wir sehen, dass nicht die Zahl
der in den Fugenfinali verwendeten Themen für eine Art stei-
gernde Reihenfolge ausschlaggebend sein muss, sondern dass die
sehr unterschiedlichen Fugensätze sich je aus einem möglichen
Sujet rechtfertigen können.) Dass solche Technik hier eine betonte
Rolle spielt (wie z. B. auch die an Corelli erinnernde kirchensona-
tenartige Führung der Stimmen in einer Passage der Durchführung des ersten Satzes), dies hat eben möglicherweise mit dem
Rahmenthema „Glaube" und den „Vorstellungen" hinter den
einzelnen Quartetten zu tun.

Könnte man dementsprechend das G-moll-Quartett (Op. **20/3**)
der Gefangennahme Jesu zuordnen? Der I. Satz, ein *Allegro con
spirito*, mit seinem wie aufgeregten Thema und dem davon abgeleiteten Seitensatz, folgt eine Art entschließende Vorgänglichkeit.
Trotzdem bleibt die Exposition relativ „offen" und die Durchführung mit charakteristischen Unterbrechungen ähnelt einem äußeren dramatischen Geschehen. Auch der Schluss scheint dramatisch angereichert und schließlich wie in einem „Streich" und
zwei *piano*-Akkorden zu verklingen. Das *Minuet* (*Allegretto*) gibt
sich hier wie eine anklagende (= selbstanklagende?) Geste mit
einem Nachklingen (wohl in der Dominante), während das Trio
in Dur gleichsam einen Blick ins Überirdische eröffnet. Der Satz
verklingt auch in Dur und bereitete so den Beginn des III. Satzes,
eines *Poco adagio* in G-dur, vor. Auch dies ist ein gleichsam über-
irdischer Satz, mit zehneinhalb Minuten der längste im Opus. Er
strahlt „Friede!" aus, Verkündigung. Wer „singt" hier? Meint der
Satz ein Vorausdenken (des „Ich") des Erlösungswerks durch die
Gefangennahme? Die z. T. kontrapunktische Führung von Un-
terstimme(n) mit der ersten Violine erscheint wie ein Zwiege-
spräch. Haben wir endgültig eine Art innere Kantate vorliegen?
Obwohl der Satz IV., ein *Allegro di molto,* wie ein aufgeregtes
Gegenreden und -fragen (= Sich-Befragen?) erscheint, verklingt
auch er; und er entlässt uns in seiner Offenheit in ein persönliches

Bedenken, denn er wird zwar zum notwendigen Abschluss gebracht, aber kaum zur Freude über ein Ergebnis.

Im Ganzen erscheinen (mir) die Quartette Op. 20 technisch weit fortgeschritten, kaum aber als „Krise". Haydn entwirft – auch im zuletzt angesprochenen IV. Satz des Quartetts Op. 20/3 – ein ungeheuer vielseitiges musikalisches Geschehen, bei dem die Satzfolge als eine kantatenhafte Folge von „Es ist → Reaktion der Allen → „Ich" oder ER → Wir" zu lesen wäre. Und dort, wo der langsame Satz an die zweite Stelle rückt, in den Quartetten 2, 4 und 6, können wir solche Satzfolge aus den hypothetisch angenommenen Sujets als Grundlage uns jeweils einsichtig machen.

Ziehen wir eine Zwischenbilanz! Wenn im Zusammenhang dieser Quartette von einer „Krise" Haydns gesprochen wird, dann entspricht dem wohl weniger eine kompositorische, vielmehr eine des Menschen Haydn, der deren Bewältigung vielleicht im Komponieren der Quartette suchte und gefunden hat.

1. Das Problem für Finscher, dass für die Streichquartette Op. 9 bis 20 nicht ersichtlich sei, zu welchem Zweck sie entstanden, lassen den Autor den Begriff „Gegenwelt" (398) einführen. Sicher haben wir hier eine besondere Form des entwickelten Selberspielens vorliegen, in das Haydn vielleicht selbst verwickelt war und das er, zusammen mit anderen Musikern, (auch) als eine Art Sich-gegenseitig-Erfreuen und -Beweisen in Kunstfertigkeit entwarf. Dies würde Finschers Begriff der „Gegenwelt" ein wenig entsprechen, zielte aber auf eine reale Spielsituation ab, in der der Komponist ein Spielen für sich und seine „Freunde" entwirft, in dem er und sie sich als Kenner im Besonderen bestätigen. Sein Interesse gilt also nicht abstrakt der Entwicklung einer Gattung (auf die er im Alter durchaus als eine Art „Ergebnis" zurückschauen konnte), sondern der Gestaltung einer kommunikativen Situation von Musikern unter sich, die sich in einem konstruktiven und je das Besondere bemerkenden Spielen niederschlägt.

Situationen des „einsichtigen" Miteinander-Spielens, – diesen verleiht Haydn durch die „Form" der Viersatzfolge eine kalkulierte Struktur, mit dem Menuett hier als zweitem Satz, als „Tanz" und „Körperlichkeit". Und dies würde einiges erklären, u. a. das Kursieren von Abschriften von Anfang an! – das ja nicht eigentlich gegen das „Verbot" verstößt, für „andere" zu komponieren, wenn Haydn sozusagen für „sich" und seine Kollegen komponiert. Dabei ginge es um das Entwerfen eines privaten, nicht-repräsentativen Spielens, das anderseits die „Verfügung über sich als..." kommunikativ thematisierte.[3] (Immerhin stoßen wir hier auf ein *Selbstverständnis des Musikers* selbst!, auf eine Selbstgeltung als Person „in Musik und sich selbst gegenüber", und darüber hinaus eben auch auf die des Mit-Spielers.)

2. Haydn steht noch für eine Musik, die prinzipiell aus einem Auftrag heraus entsteht, aber für die Welt taugt; vielleicht ist dies ein Kennzeichen der Musik des Endes der Frühen Neuzeit: dass sie uns heute als eine erscheint, die „sich" vom Auftrag losgesagt hat! Haydn kann nicht anders als vom Sujet her denken; dies liegt in der Zeit. Das Denken inform einer von einem textlich Vorliegenden/Vorlegbaren gespeisten Intentionalität, das *„ist"* Haydn noch, das liegt im Selbstverständnis seines Komponierens. Haydn *„hat"* nicht dieses Konzept, er *„ist"* dieses (noch). Deshalb erscheint der Begriff „Konzept" hier im Grunde fragwürdig. Anderseits füllt Haydn das, was er *„ist"*, mit persönlichem Denken aus. Von da mag der Begriff statthaft sein. Dass er über sich als ein solches Konzept *„Seiender"* (in gleichsam zu erstrebender, aber noch nicht ganz erreichter Vollständigkeit!) verfügt, das zeigen die Streichquartette Op. 9, Op. 17 und Op. 20, denen die Literatur (vgl. Finscher) gerne die „Geburt" des Streichquartetts unterstellt, indem Haydn hier (angeblich) „systematisch" eine Form erprobt habe. Finscher, S. 399: „Das Ziel war offenbar von Anfang an, eine

---

[3] Dies hat offensichtlich auch Mozart verstanden, dessen sechs Quartette, KV 168-173, möglicherweise zuerst einem privaten Spielen „unter sich" dienten. Sie orientierten sich ganz sichtbar an Haydns Op. 17 und 20! Auch für diese Quartette gibt es keinen Anlass! (Vgl. Schrade, S. 93 ff.) Anderseits könnte dann solches Spielen durchaus von außen als ein Verstoß gegen den dritten Paragraphen von Haydns Anstellungsvertrags angesehen werden, wo es u. a. heißt, Haydn solle mit den Musikern *„allbesondere familiarität, gemeinschafft in essen, trincken, und andern umgang vermeiden, um den ihme gebührenden Respect nicht zu vergeben..."*

kammermusikalische Gattung zu entwickeln, die ganz anders als die Symphonie, aber der Symphonie ebenbürtig sein sollte." Solche Einschätzung muss nicht unbedingt „falsch" sein; sie umgeht aber die Frage, was der Anlass, der Grund für Haydn gewesen sein könnte, eine solche „Gattung" (= ein solches und in gewisser Weise durch ihn genormtes menschliches Handeln!) zu entwickeln.

3. Zu Grund und Zweck der Entwürfe zu den drei Quartett-Zyklen haben wir o. einige Vermutungen angestellt. Doch stellt sich die Frage nach dem wirklichen Sinn solchen Spielens. Als Musikpädagogen sind wir aufgerufen, einen solchen für unser Hören(!) wenigstens als eine hypothetische Vorstellung zu investieren. Im Ganzen gesehen weisen die 18 Streichquartette der Opera 9, 17 und 20 auf eine ganz wesentliche „Tat" des nicht mehr so jungen Erwachsenen, dass er mit ihnen möglicherweise in der sich formierenden persönlichen (und nicht mehr nur optativen) Identität auf die „eigene" Religiosität für eine Sinngebung eines betont persönlichen Spielens „entre nous" zugreift. Wenn Religion (lexikalisch) „eine Weise menschlichen Existierens aus der Beziehung zu einem letzten Sinn-Grund" darstellt, dann implementiert Haydn hier gleichsam instinktiv einen besonderen Sinn eines per se persönlichen Spielens. Das ist einerseits folgerichtig, als solcher Rückgriff auf das geschieht, was seinem Leben gerade in der Phase der Selbstwerdung als noch relativ junger Erwachsener letzten Sinn zu verleihen scheint; und es ist anderseits genial darin, dass die Konkretion des Rückgreifens so in ein Allgemeines gewendet erscheint, dass das Spielen und vor allem das Mit-Spielen als emanzipierte „Andacht" (= „Denken an...") vollzogen und dabei als ein menschliches Handeln an/in sich selbst durchlebt werden kann.[4]

---

[4] Zu solchem „pragmatischen" Meinen: Am Schluss des *Don Giovanni* finden wir den typischen *Presto*-Satz der Sinfonie, wie er auch Haydns Sinfonien prägt. Beide, Haydn und Mozart, denken mit ähnlichen Mitteln der *Intentionalität*, auch wenn sie in der globalen Intention (→ Menschheitlichkeit contra Menschlichkeit) sich unterscheiden.

Wenn Finscher bemerkt, „das Ziel war offenbar von Anfang an, eine kammermusikalische Gattung zu entwickeln, die ganz anders als die Symphonie[...] sein sollte" (399), dann stört uns zwar das mögliche Missverständnis, Haydn hätte die Quartette komponiert, um eine Gattung zu entwickeln. Doch wenn wir solche Feststellung gleichzeitig als Funktion einer bestimmten Situation gleichsam (privaten) *persönlichen Spielens „unter sich"* und im verinnerlichten Auftrag für sich und andere interpretieren, dann liegt es nahe, dass als „Ergebnis" eben (gleichsam unbeabsichtigt von vornherein) eine Art von Gattung dabei heraussprang.[5] (Bewährt sich im Entwurf einer neuartigen Situation des Spielens nicht auch hier ein situationbezogenes Denken Haydns?)

    4. Finschers Kriterien (399),

- „Erprobung" einer Form (→ 4 Sätze);
- „kammermusikalisch solistisch-stimmige Durcharbeitung des Satzes";
- „affektive Vertiefung der Sprache" und „die Ausbreitung und Vertiefung der thematischen Arbeit";
- die „Komposition" der Sechsergruppe in unterschiedlichen Tonarten,

– sie lassen sich durchaus als Kriterien einer solchen Situation lesen, in der es eben darum ging, die Spielenden – und dabei jeden der vier! – in eine sich selbst als Mensch spiegelnde resp. aktiv wahrnehmende Gemeinschaftlichkeit zu bringen. Dabei meinen wir nicht jenen Vergleich Goethes von der „Unterhaltung" geistreicher Männer – eine Sicht des Liebhabers wohl –, sondern eine Gemeinschaft, in der jeder sich für und aus sich äußert und gleichzeitig das gemeinsam zuwege gebrachte Spielen als ein Sich-Spielen-Hören erlebt: ein *„entre nous"*, damit eine

---

[5] Nur könnte der Begriff „Gattung" hier bereits unpassend sein, weil er nicht mehr ein musikalisches Verhalten in einer bestimmten gesellschaftlichen Situation feststellt, sondern gleichsam über einer bestimmten Situation steht. Etwas Ähnliches haben wir mit C. P. E. Bachs Gellert-Liedern vorliegen: da sie nicht mehr eigentlich „Lieder" für ein Singen an und für sich im traditionellen Sinn darstellen, konstruieren sie eine ihnen eigene Situation des Spielens mit dem inneren „Singen" eines Textes. Vgl. hierzu: D. S., *Seinen Glauben selber singen...*, S. 241 ff.

Atmosphäre der Vertraulichkeit schaffend, eine ideale Situation des Hörens und Spielens in einem.

Das Situative spricht Finscher ja (S. 401) zumindest am Rande an: Die Symphonie wende sich „mit ihrer einfacheren Faktur und ihrem glänzenderen instrumentalen Gewand" nach außen, während das Streichquartett mit seiner „aufs Äußerste differenzierten Faktur und seinem homogenen Klang" für die Spieler selbst bestimmt sei – aber sicher nicht (wie Finscher meint), um sich zu unterhalten. Was Haydn hiermit entwirft, das ist eine eigene anfangs private/persönliche und später gesellschaftliche Situation, genauer: die Ermächtigung der Spielenden, eine solche sich zu bilden und in ihr sich als gewissermaßen geistreich und voll „hoher" Empfindung zur Geltung zu bringen.[6]

5. Haydn entwickelt diese Situation nicht theoretisch, sondern praktisch. Das erinnert an Bachs Orgelbüchlein u. a.: aber während Bach noch primär das kompositorische Beispiel im Blick hat, ist es bei Haydn das tendenziell reproduktive Beispiel. Mit Abschrift und Druck seiner Quartette zeichnet er anderen die Situation eines Handelns vor. Die Entdeckung und Entwicklung einer solchen quasi intellektuellen (überbürgerlichen und überhöfischen) Situation eines Selberspielens „entre nous", das gleichzeitig ein Sich-Hören vertritt und das des bzw. der Anderen bedarf, um sich selbst (vor sich und vor und mit den anderen) als der, der man sein kann und will, zur Geltung zu bringen, ist eine politische Tat, die auch bald viele Nachahmer fand.

Der Hinweis bzw. Eindruck Finschers, dass in Op. 20 „die musiksprachlichen Mittel Haydns denjenigen Carl Philipp Emanuel Bachs ähneln" würden (407), könnte ein Fingerzeig sein, wie die z. T. ins Extreme gesteigerten Details dieser (im Wesentlichen ja

---

[6] Vgl. hierzu auch das Zitat der Karoline Pichler bei Finscher (87): „Der Mensch ist zur Gesellschaft geboren. Nur im Umgang und Verkehr mit anderen Menschen kann er jenen Grad von Ausbildung erhalten, zu welchem ihn die Vorsicht bestimmt hat, und den zu erreichen sie ihm nebst anderen Fähigkeiten, welche ihn über das Tier erheben, auch das Organ der Sprache gegeben hat, worin vielleicht der Grund seiner hohen Perfektibilität liegt. Also nur unter Menschen und durch Menschen wird jeder, was er kann und soll."

bereits die Charakteristika der klassischen Haydn-Quartette zei-
genden) Entwürfe zu interpretieren wären: als Versuch, das Spielen im Ensemble i. H. auf eine *Unmittelbarkeit des Ausdrucks* herzu-
richten. Haydn folgt damit durchaus einem Trend – in der Literatur oft als „Sturm und Drang" beschrieben –, einerseits selbst im
musikalischen Verlauf die Möglichkeit einer menschlichen Ausdrücklichkeit zu eröffnen, andererseits diese im Umgang mit dem
selbst-ausdrücklichen Melos den Spielenden und Mit-Spielenden
einen aktiven Mitvollzug derselben nahezulegen.

    6. Die Verbindung zum Komponieren C. Ph. E. Bachs können
wir eher im *Selbstverständnis des Komponisten* finden, im Entwurf
einer – wie Geck formuliert – *Ich-Musik*, doch eben nicht für sich,
sondern für die Anderen. Seine Entwürfe für Streichquartett –
und da ist ein wesentlicher Unterschied zu dem Bachsohn zu
denken[7] – sollen möglicherweise von vornherein eine Präsenz der
Spielenden deutlich machen, eine Ermächtigung des spielenden
Subjekts zur „eigenen" (= angeeigneten) Ausdrücklichkeit vermitteln, die uns heute, im Zeitalter der mit historischer Musik umge-
henden Virtuosen, selbstverständlich erscheint! Haydn ist, im
Gegensatz zu C. Ph. E. Bach, nicht selbst Virtuose; ihn interessiert
wohl kaum der Unterschied zwischen einem Komponieren „für
sich" und einem solchen „für andere" (wie eben nach C. P. E.
Bach möglicherweise Mozart!). Die „Tendenz zur Isolierung und
extremen Zuspitzung einzelner Stilzüge" und „die formale und
stilistische Unausgewogenheit" sowie eine „prinzipielle Gleichbe-
rechtigung der Stimmen", „die Gleichrangigkeit der Satztechni-
ken", die thematische Arbeit – sie stehen im Dienste für den Anderen (einerseits) und für ein „Inhaltliches" (andererseits). Beide
bedingen sich gegenseitig als Funktion einer Ermächtigung aller
vier im Rahmen eines Selberspielens zum Selbst- oder Ich-
Ausdruck. Dies der Sinn des Spielens, den die Spielenden ihrem
Spielen geben (können). Der Unterschied zu C. Ph. E. Bach mag

---

[7] Vgl. Martin Geck, *Die Bach-Söhne*, Reinbek b. Hamburg ³2014, S. 67, wo
es heißt, C. Ph. E. Bach ginge es (im freien Klavierspiel!) darum, „die
Präsenz des Autors in seinem Werk deutlich zu machen".

vielleicht auch darin liegen, dass Haydn jene zeitgenössischen Momente einer „exzentrischen Gestaltbildung" aufnimmt. Doch begreife ich die Gesten „des Skrupels, des Zögerns oder Nachsinnens" nicht als Niederschlag eigenen „Leidens an sich selbst"[8], sondern als ein Verfügen über sie (und sich!) zugunsten eines Sujets im Dienste des spielenden Subjekts. Auch hier ist aber eine zeitgenössische Tendenz im Rekurs auf ein persönliches Gewissen spürbar. Nicht zuletzt die „Verwandtschaft" gerade der Quartette Op. 17 (und nicht nur die des Op. 20!) zu C. P. E. Bachs Liedern weisen noch auf die selbstgesprächlichen Texte Gellerts.

---

[8] Die Zitate aus A. v. Massow, *Musikalisches Subjekt. Idee und Entstehung in der Moderne*, Freiburg 2001, entnehme ich aus Geck, S. 69.

V. Der Schritt zum selbstbestimmten Ethos: Spielen und Mit-Spielen als quasi-religiöse Andacht. Die Streichquartette Op. 33 als Konsequenz aus der Erfahrung der eigenen Wirksamkeit

Die Opera 9, 17, u. 20 erweisen sich insofern als eine Krise, als Haydn daraus geläutert hervorgeht und eine Mächtigkeit in der quartettmäßigen Satztechnik entwickelt, die er möglicherweise selbst in Op. 33 als neu ansieht. Finscher nennt Op. 33 „ein überaus intellektuelles Werk" (409). Das würde zur Neuorientierung Haydns im Sinne einer endgültigen „Verfügung über sich als…" passen. Die Zäsur in der Komposition von Streichquartetten, die Op. 33 für uns heute darstellt, besteht auch darin, dass diese Quartette als (zweiter) Anknüpfungspunkt für Mozart dienten.[1]

Mit „Wien d. 3ten Decembr./1781." ist eine Reihe von Briefen Haydns datiert, mit denen der Komponist die „Herrn Liebhaber und große Kenner und gönner der Tonkunst" zum persönlichen Kauf einer handschriftlichen Kopie (zu sechs Ducaten) seiner sechs neuesten Quartette (Op. 33) bewirbt. Drei solcher Briefe sind erhalten.[2] Und in diesen findet sich Haydns berühmte Charakterisierung, diese Quartette seien „von einer Neu, gantz besonderer Art, denn Zeit 10 Jahr' habe [ich] keine geschrieben". Einerseits wird dieser Satz als Ausdruck einer gewissen Geschäftstüchtigkeit Haydns angesehen, anderseits versucht die Literatur Haydns Angabe einer Neuheit in der Struktur der Quartette aufzufinden. Dies will nicht überzeugend gelingen. Die

---

[1] Doch Finscher spricht (411) von „intertextuellem Vatermord" und meint damit, dass Mozart einiges *prinzipiell* anders macht: „Dramatisierung der thematischen Arbeit", Verwandlung der Finalfuge. Ausbau des Menuetts zum Sonatensatz. Doch erscheint dies im Hinblick darauf, dass die kompositorische Persönlichkeit im Laufe der Frühen Neuzeit eine mehr und mehr durch ein Selbstlernen hergestellte ist, nur folgerichtig: Am bewunderten Beispiel des Anderen sich seiner eigenen Konzeption gewiss werden und sie gegenüberstellen, – hier in der Gewissheit, dass dieser solches sehen und als eigenständig begreifen wird. (Die seltsamen Formulierungen in Mozarts Vorwort lassen sich so verstehen!)
[2] Vgl. die beiden Briefe an Joh. Caspar Lavater (Zürich) und den Fürsten Kraft Ernst zu Öttingen-Wallerstein bei Bartha, S. 106 ff.; ein drittes Schreiben, an den Abt des Klosters Salem, erwähnt Finscher.

Geschäftstüchtigkeit Haydns mit dieser Quartett-Sammlung (Op. 33) entspricht unserer Einschätzung nach sicher Haydns Einsicht, einen neuen Stand erreicht zu haben: doch nicht (nur) einen solchen des Komponierens, sondern einen solchen des Verhältnisses zu sich selbst als Komponist. Haydn ist jetzt 49! Finschers zwei Besonderheiten der Sammlung, (1.) die „Integration des populären Tons" und (2.) „das Zurücktreten der Affektsprache zugunsten des geistvollen Spiels" (408), zusammengefasst die besondere „Rationalität und Genauigkeit", die gem. Finscher „zum analytischen Spielen und Hören geradezu zwingen" würden, können wir so interpretieren, dass diese eher zu einem quasi mitkomponierenden Mitvollziehen zwingen: das „auf höchstem Niveau" Geistreiche, das zeichnete dann eben den Hörenden aus; dieser nimmt sich als solcher wahr. Das „Neue" aber bezöge sich dann nur sekundär auf einen Fortschritt in der eigenen Kompositionsarbeit. Es könnte sein, dass das „Neue" der Quartette zuerst einmal in der (vorübergehenden?) weitergehenden Verallgemeinerung eines *ausgesprochen religiösen* Charakters der drei Sammlungen davor besteht. Und zum zweiten probiert Haydn hier (erstmals planmäßig) ein Komponieren (bzw. Zusammenstellen von Kompositionen) möglicherweise(!) ohne eigentlichen Auftrag, das aus den neuen Arbeitsbedingungen vom 1. 1. 1779 hervorgeht.[3] Denn zu diesem Datum hatte Haydn seinen neuen Dienstvertrag unterschrieben, der das Gebot, [1.] »*Neue Composition mit niemand zu Communiciren, viel weniger abschreiben zulassen, sondern für Ihro Durchlaucht eintzig, und allein vorzubehalten,* [2.] *vorzüglich ohne vorwissen, und gnädiger erlaubnus für Niemand andern nichts zu Componiren«,* nicht mehr enthielt.

Der Abkehr von einem Entwerfen eines Spielens primär für solche Situationen, die Haydn von vornherein als in seiner Umgebung situiert gut kannte, und die Hinwendung zu solchen, die er nicht kennen konnte und die einerseits als allgemeine zu ent-

---

[3] Es ist keinesfalls ausgeschlossen, dass auch diese Quartette aus einem Auftrag entstanden, dass Haydn sie aber „dann" sozusagen zweitverwertet, indem er sie Interessenten und gleichzeitig dem Verleger Artaria anbietet.

werfen waren und die anderseits ihn selbst in jenes besondere Licht rücken konnten, die seinem Ruf entsprachen, führt möglicherweise zu einer relativen Kürze und zur vorsichtigen Zurücknahme bzw. Verallgemeinerung in der religiösen Inhaltlichkeit. Doch ist nicht zu übersehen, dass die Quartette weiterhin mit einem *Moderato*-Satz beginnen. Die Frage bleibt also, ob nicht auch für diese sechs Quartette *eine* übergeordnete quasi-religiöse Thematik ausschlaggebend war, die möglicherweise auch in einer „richtigen" Reihung sich niederschlagen könnte.

Die Reihenfolge des Erstdrucks ist G – Es – h – C – D – B; Pleyel, der Haydn-Schüler, reiht in seinem Druck: h – Es – C – B – G – D. Darin haben vier ein *Allegro moderato* als I. und ein *Scherzo* (oder *Scherzando*[4]?) als II. Satz; danach unterschiedliche langsame Sätze und ein *Presto* als letzten. Die letzten beiden (G und D) beginnen mit einem *Vivace*-Satz, fügen den langsamen Satz als 2. und ein *Scherzo* als 3. ein, bevor ein *Allegretto* den Zyklus beschließt.

Die Frage ist: wie benennt man die spezifische „Konsequenz" der jeweiligen Satzfolge, die sich z. T. aus dem thematischen Material und dessen Bearbeitung im einzelnen Satz ergibt? Geht es (auch hier) je um einen Gesamtvorgang über die einzelnen Sätze hinweg, um deren Selbstverständnis im Rahmen eines „Ganzen", das als Vorstellung (unwillkürlich) von den Spielenden und Mit-Spielenden aufgenommen wird? Finscher (409) charakterisiert die Reihenfolge eher gem. einer Einschätzung des beginnenden 19. Jahrhunderts, wobei „…der Kopfsatz (immer ein Sonatensatz) als Träger geist- und kunstreicher thematischer Arbeit, das Scherzo als Stilisierung elementarer und gesellschaftlicher Tanzcharaktere, der langsame Satz als Affektzentrum und das Finale als Ort des musikantischen Temperaments, aber auch

---

[4] In den mir vorliegenden („antiken") Taschenpartituren (Eulenburg) sind zwei der Scherzo-Sätze, die der Quartette in H-moll und C-dur, mit *Scherzando. Allegro* bzw. *Scherzando. Allegretto* bezeichnet. Feder, der Herausgeber der Streichquartette innerhalb der Gesamtausgabe des Kölner Haydn-Instituts, bezeichnet diese „Scherzandi" als „falsch". (Vgl. Georg Feder, *Haydns Streichquartette. Ein musikalischer Werkführer*, München 1998, S. 54.)

des aufklärerischen »Witzes« oder, rezeptionsästhetisch gesprochen, der erste Satz als geistige Herausforderung, der Tanzsatz als
Beschwörung der Vitalsphäre, der langsame als Ort des Gefühls
und der Kontemplation und das Finale als Entspannung und
Abschied" einzuschätzen wäre. Finscher findet darin die „auf die
Stufenfolge menschlicher Empfindung consequent und gut berechnete, mithin der Wirkung auf das Gemüth sehr vorteilhafte
Reihe der Sätze", wie es in der Leipziger Zeitung (1812) einmal
hieß.

Wie aber wäre diese Satzfolge *handlungsmäßig* zu interpretieren? Auffallend ist, dass die beiden Quartette in G und D im
Grunde nicht nur den Platz der inneren Sätze tauschen, sondern
eigentlich die Satzfolge im Ganzen umdrehen: der *Moderato*-Satz
(in meinen antiquarischen Taschenpartituren je mit „Allegretto"
bezeichnet) steht am Ende. Hat dies einen Grund, vielleicht in
zwei gedachten Dreiergruppen der Quartette? Die Tendenz ist
wohl, die Folge der Sätze in den einzelnen Quartetten und damit
auch die Quartette in ihrer Konsequenz handlungsmäßig aufzu-
laden. Geht man von möglicherweise zwei Quartett-Trias aus,
dann könnten die beiden „verkehrten" Quartette in der Mitte
stehen, was die Reihung: C – h – D / G – B – Es ergäbe.[5] Oder die
beiden Quartette mit dem *Vivace*-Satz am Beginn bildeten je den
Schluss einer Trias, was eine Reihung: C – h – G / B – Es – D
sinnvoll machte. Beide Reihungen ergäben von den Tonartencha-
rakteren her eine mögliche Handlungsfolge.[6]

Das Problem liegt hier am („neuen"?) Satz im Sinne der Konsti-
tution eines vierstimmigen Streichersatzes (1.) im Rahmen tra-
dierter Spiel- und Mit-Spielformen sowie (2.) mit thematischer
Gesinnung und (wahrscheinlich: 3.) durchaus inhaltlicher Orien-

---

[5] Das G-dur-Quartett beginnt mit einer D-T-Kadenz vor dem eigentlichen
Anfang des Spielens, so als ob „erinnernd" angeknüpft würde an ein
Schließen davor; solches verwirklichte sich am Besten, wenn es dem D-
dur- oder dem H-moll-Quartett folgte; letzteres changiert ja durchaus
auch mit D-dur.

[6] Beachte: Op. 64 hat die gleichen Tonarten und reiht „motivisch": C-h-B-
G-Es-D! Käme das hier auch infrage?

tierung (Sujet). Dass Haydn in diesen Quartetten den traditionellen Menuett-Satz in eine Art Scherzo verwandelt, das hat seinen Grund möglicherweise in dem (bzw. den) zugrundeliegenden Sujet(s).

Sieht und hört man sich die ersten Sätze der sechs Quartette durch, dann unterscheiden sie sich nicht nur durch unterschiedliche „Themen" oder je eigenwilliges harmonisches Fortschreiten o. ä. allein. Jedes bildet einen eigenen Corpus der Gedanken- = Denk- = Spielen- und Mit-Spielen-Formulierung aus. Selbst dort, wo die Oberstimme als führend hervortritt, wie im ersten Satz des Es-dur-Quartetts, Op. **33/2**, da spüren wir, wie die anderen Stimmen das Melos vorantreiben und kommentieren, z. T. mit ihm gehen, in beständigem Austausch mit ihm stehen. Am Durchführungsabschnitt sind alle beteiligt; auch dort, wo die erste Violine sich selbstständig macht, scheinen die anderen zu reagieren, ja selbst zu agieren, bis sie sozusagen haltmachen und versuchen, die thematische Einheit herzustellen. Doch geschieht dies erst einmal in „falscher" Tonart, was zum Abbrechen und dann zur wirklichen Reprise führt. Diese, recht kurz und bündig, hört einfach auf, ohne einen besonders gestalteten Schluss. Der II. Satz bleibt durchaus als ein (hier) derber Tanz wirksam, während das Trio eine „von der V 1 mit viel Portamento und Glissando zu spielende Ländler-Melodie"[7] bestimmt. Und nun ein Gegenübertreten des „Äußerns": im „Largo e sostenuto" ein Spielen als ein quasi-religiöser, lyrischer Gesang, erst einmal zweistimmig gefasst. Äußern als Emanation eines friedlichen Gestimmtseins, das durch dazwischenfahrende, wie gegenredende Akkordik sich zuerst nicht ablenken, dann aber zu einem überzeugen-wollenden Gedanken führen lässt. Und die Wiederaufnahme bestätigt die Ausgangsäußerung durch eine vollstimmigere Fassung. Auch hier „verklingt" der Satz in einer Art ungeheuerer „Friedfertigkeit". Danach der IV. Satz: er zeigt, wie Haydn aus einem intentional und sprachgezeugten Äußerungsgestus eine Art „Gesamt"

---

[7] Vgl. Feder, S. 58.

erstellt: einerseits menschlich-rhetorisch durch Bestärken, Erweitern, Führen in eine Bestimmtheit und Bestätigen des Gemeinten in der Schlussfloskel, anderseits musikalisch als in sich abgeschlossene und in zielgerichteter Konsequenz gegliederte achttaktige Periode. Und hier treffen wir auf ein Verlöschen, das wohl substantiell zu werten ist: wie ein Sich-Entfernen einer Erscheinung, hinter dem (als Pianissimo des Anfangsmotivs) nur noch eine Erinnerung bleibt...

Schaut man dann auf den Beginn des H-moll-Quartetts (Op. 33/1), dann findet man dort nicht (nur) eine Unsicherheit in der Tonart, sondern eine solche vor allem in der Formulierung einer thematischen „Gestalt" beabsichtigt. Einerseits kennzeichnet das charakteristische Motiv mit dem bestimmenden auftaktigen Anspielen der Terz *d''* (über einem zu D-dur gehörenden Terzklang) ein überdimensionales Ausgreifen i. S. emphatischer Intervalle: Statt eines einfachen Ausgreifens zur Quint, um lapidar über zwei absteigende Achtel zum Vorhalt (zur Dominante) zu gelangen, vollziehen wir ein Quart-Ausgreifen zur Sexte (mit), ein doppelt so weites Absteigen über die Sechzehntelleiter zum Vorhalt wie zum Grundton (*h'*) hin, der aber als Bestandteil eines Gegenklanges (auf G) erscheint. Die gleiche Figur, sequenziell um eine Sekunde nach oben gesetzt, mündet in die Dominante, worauf das Cello die Phrase übernimmt, sie zusätzlich zweimal wiederholt, wobei die anderen Stimmen steigernd akkordisch reagieren, bis alle vier in den Trugschluss kippen. Und obwohl das wie zögernde Aufbauen des verkürzten A-dur-Klanges (mit None) nun wie zur Dominante von H-moll führt, ergreift das Violoncello erneut die Initiative. Doch mündet der Klangaufbau danach in eine Subdominante mit der Sexte *c''*, die als Vorhalt zum Quartsextakkord den Weg zur Dominante freimacht, worauf Takt 11 endlich sich mit dem vollen H-moll-Akkord eine Art Thema aufzubauen scheint, nicht ohne einem wie echoartigen Innehalten zwischen den Phrasen und einem chromatischen Abgang zum Halbschluss auf der Dominante. Während der II. Satz wie befehlend, mit geheimnisvollen Modulationen und das Trio gleichsam „korrespondierend" sich geben, erscheint der III. Satz fast wie ein „echtes" Menuett, das sich z. T. in die Dur-Sphäre wendet, dort aber melodisch ernst bleibt. Geht es hier, im Rahmen eines „Glücks", um „Vorwürfe" und um Gesten des Verteidigens, ja des Überzeugen-Wollens? Zumindest fällt in der Konsequenz des IV. Satzes ein bestimmender Ton auf, z. T. wie sich oder etwas verteidigend.

Auch das Quartett in C (Op. **33/3**) beginnt nicht nur tonartlich unbestimmt: überm in Achteln wiederholten Sextklang *e'-c''* setzt die erste Violine mit der langgezogenen und schließlich durch Vorschläge markierten und crescendierenden Quinte *g''* ein, um dann schwungvoll in eine doppelte und in der Oberstimme melodisch ausgeziert abstürzende Kadenz zu C-dur hin zu münden, in der die Unterstimme wie absichtsvoll über zwei Oktaven nach oben stürmt. Die gleiche sechstaktige Bildung mündet, einen Ton angehoben in D-moll. Und ein drittes Beginnen (in G-moll) setzt sich in einer nun tatsächlich wie thematischen Bildung fort, die Takt 18 in eine motivisches Korrespondieren der Stimmen mündet, das vor allem durch ein „unten" vs. „oben" bestimmt ist. Das Spielen artikuliert kein schwereloses „reines" C-dur, sondern gleichsam ein „Näherkommen" oder das Über-einen-Kommen einer bestimmten Empfindung. Auch der Seitensatz erscheint ganz „bildhaft"; erst der Schlusssatz in der Exposition gibt sich tröstlich, ja „einfältig". Auch die Durchführung versammelt Figuren eher des Leidens. Auffallend ist hier ein resoluter Schluss, der von der Mehrzahl der auch in Op. 33 eher verklingenden Sätze sich abhebt. Es ist dieser erste Satz des C-dur-Quartetts, der (mir) eine Assoziation von Heiligenlegenden nahelegte, hier vor allem diejenigen um den Hl. Antonius. Es könnten aber auch andere Legenden oder Geschichten in Op. 33 eine Rolle als grundlegende Sujets spielen, wie etwa die zum Leben des Hl. Franziscus.[8] Dem entspricht das *Scherzo*, das einen Entschluss zu einem Gebet oder einem Sich-Aufmachen assoziiert und dem das Trio den Eindruck einer Natur zugesellt. Und der III. Satz, ein *Adagio ma non troppo* in F, auch er erst wie eine Anbetung und Verehrung und im Zwi-

---

[8] Immerhin: Haydn hieß mit erstem Namen „Franz", Franz Joseph Haydn!

schenteil wie ein Aus-sich-Herausgehen: ist das eine Liebeserklärung an? Das Schlussrondo signalisiert hier das wie rettende Eintreten (oder Verkünden) eines überraschenden Ereignisses, mit einem seltsamen „Tanz" in sich und schließlich auch verklingend.[9]

Betrachtet man die Ordnung, die Pleyel der Ausgabe dieser Quartette Op. 33 gegeben hat, dann würde sich sub specie einer angenommenen Gesamtvorstellung eine gewisse inhaltliche Zusammengehörigkeit je zweier Quartette durchaus plausibel machen. Doch erscheint (mir) jene Ordnung (auch im Hinblick auf ein mögliches Sujet) näherliegend, die der Reihenfolge des Erstdrucks entspricht. Von da würde man das Quartett in G, Op. **33/5**, vielleicht auch wegen seiner geheimnisvollen Anfangskadenz, an den Beginn des Opus stellen. In diesem steht diese einfachste D-T-Folge im pianissimo und in pausenmäßig getrennten Akkorden wie ein generelles Motto vor dem Beginn: Die Oberstimme zieht ihr *d'* punktiert, um dann wie durch Anstrengung über die beiden Sechzehntel den Grundton *g'* zu erreichen. Das ist, durch die besondere rhythmische Herrichtung, eine wie sprechende Figur, wie ein impliziertes Thema, das dann in der thematischen Entwicklung immer wieder als ein „Erreichen" des kadenzierenden Endes fungiert. Diese (in der Wiederholung der Exposition nicht nochmals aufgenommenen, wohl aber in der Reprise angespielten) beiden Takte müssten nicht vor der Exposition stehen; das Quartett könnte genauso mit Achtelauftakt beginnen, wie das in H-moll. Entsprechend müssen wir es als sujetorientiert ansehen, vielleicht als eine Art Entschließen, das im *pianissimo* gleichsam privat und intim geschieht und das wie eine Überschrift vor dem nun zu entwerfenden musikalischen Handeln steht. Der Exposition, mit komplexen Zwischengedanken wie eine Rückschau, ein Erinnern-an, und der Durchführung mit Zwischengedanken wie eines Zweifelns oder zumindest Bedenkens folgt die Reprise, die

---

[9] Feder 1998, S. 61, weist auf das Zitat eines kroatischen Tanzliedes (*Kolo*) aus Dalmatien und Bosnien.

der kleinen Kadenz die Funktion eines „Weg mit den traurigen Gedanken…!" zuweist.

Das danach einsetzende *Largo e cantabile* in G-moll gibt sich wie ein „Erscheinen", gepaart mit Tönen des Mitleids aber vor allem auch des „Befehls" und des erneuerten Befehls. Diesem folgt das Scherzo (Allegro) mit seinem gegenrhythmisch motivisch gestalteten Aufsteigen über zwei Oktaven und einem nochmaligen und wie erzwungenen chromatischen Empor, das vor dem endgültigen Ziel abbricht und nach einem Pausentakt von einer *piano*-Kadenz beendet wird, fast wie ein Sich-Durchringen zu einem endgültigen Entschluss, mit dem man sozusagen „klein beigibt". Bleibt der Schlusssatz: ein *Siziliano* im 6/8-Takt, ein „Tanz" fast wie eine Ballade, eine Erzählung in sprachlich-metrischer Fassung. Diese bildet die Grundlage für drei sich nach und nach klanglich „füllende" Variationen, die in eine vierte, mit einer Art Nachtanz und einer Art Coda münden.

Die große Faszination des Op. 33, hervorgerufen durch die je eigenartige Ausdrücklichkeit der motivischen und strukturellen Bildungen – denken wir nur an den Beginn des B-dur-Quartetts (Op. 33/4) mit seinen je unisonen *piano*-Endachteln, fast einem mürrischen Abweisen gleichend –, hat ihren Ursprung wohl nicht zuletzt in Sujet-Vorstellungen, die den Quartetten zugrunde liegen. Auch der dominantische und halbtaktig auftaktige Beginn des angesprochenen Quartetts, in den wiederholten Achteln des Sekundakkords unter dem anschwellend sich steigernden *f''* der ersten Violine, das sich im wie durchsetzenden Aufgang zum Grundton und in dem wie wütenden oder entschlossenen und gleichzeitig wie übermäßig ausgezierten Hin und Her von Dominante und Tonika entlädt und damit am Taktbeginn betont abbricht, – schon diese Satzfigur ist gestisch, affektiv und gleichsam körperlich bewegungsmäßig so komplex zusammengesetzt, dass wir sie kaum mit Worten beschreiben können. Und doch haben wir das Gefühl, dass wir gewissermaßen selbst bedeutungsgenerierend mitgenommen werden. Dabei fällt auf, dass Haydn hier (wie auch in den anderen Eingangssätzen) weder mit (nur!) einem

Motiv arbeitet, noch ein „Thema" im ausdrücklichen Sinn entwirft: sein sozusagen thematischer Beginn ist der eines komplexen Fortschreitens im Satz als einem figurativ in allen Stimmen Gesetzten, das aber in seiner umfassenden Ausdrücklichkeit so hergerichtet ist, dass es sozusagen sowohl jene „Arbeitsmöglichkeiten" in sich enthält als auch gleichsam den Ausgang eines längeren thematischen Bildens darstellen kann. Dies sind denn auch die Mittel, einzelne Aspekte der motivisch-thematischen Komplexes in einer prozedualen Erstreckung wechselnd hervortreten zu machen. Und vor allem in dieser entladen sich gleichsam intentionale Aspekte, die wir, wie dazu ermächtigt, (mit-) vollziehen und die sich hier durch die pausendurchsetzte Stückelung des Fortschreitens gleich von Anfang an verstärken. Das hat – im Zusammenhang dieses Quartettbeginns, der im Übrigen fast ein Vorausgehendes annehmen lässt – schon etwas wie das Überkommen einer „Versuchung" (um z. B. im Bild der Antonius-Legende zu bleiben). Dass dann als II. Satz der Eindruck einer unbedingten Besänftigung sich aufdrängt, der durch das Trio noch verstärkt erscheint, schließt sich diesem Eindruck an, der durch das Largo in Es (als III. Satz) schließlich gekrönt erscheint: wie eine Eingebung oder Erscheinung „von oben", die schließlich verklingend verlöscht und einem betont fröhlichem Finalrondo Platz macht. In diesem kann man sich im Couplet-Teil durchaus der Assoziation einer „Bewegung" hingeben, die aber im nachdenklich innehaltenden Schluss mit seinem Pizzicato-Anhang und Versickern wie ein Nachklingen in der Vorstellung bleibt.

Das D-dur-Quartett (Op. **33/6**) endlich lässt mit seinen ersten beiden Takten auf ein wie finales 6/8-Presto schließen, das sich in einer Art korrespondierender Thematik entfaltet. Stattdessen nimmt sich das thematische Fortschreiten, motivisch geradlinig absinkend, „bescheiden" zurück. Der Satz, fast langsamer als ein Allegro(?), steht für eine Art Demut und Bescheidenheit, die prozedual ausgestaltet ist. Das ihm folgende Andante in D-moll steht in seiner Thematik mit den Achtelwiederholungen, der Überlängung des Zieltones und dem Weiterziehen zur Dominantquinte, welches das thematische Motiv auf de facto drei Takte dehnt, für ein Hinsehen. Und auch dem folgenden Scherzo (Allegretto?) ist in seiner thematischen Vertracktheit ein gewisses intentionales Charakteristikum als ein begütigendes Einreden eigen. Auch hier zeigt die thematische Entfaltung eine besondere Vertracktheit, indem der gleichsam gemütliche Menuett-Beginn im vierten Takt wie von einer neu entflammten Initiative abgebrochen und stufenweise motivisch konsequent nach oben zu einer Art „Entschluss" geführt erscheint. Dem folgt das Finale als ein Allegretto, dass trotz gleichsam verstecktem „Bedauern" (→ Minore-Takte) den Ton der Zufriedenheit ausstrahlt und, nach einem Innehalten, wie mit einem „na gut!" endet.

Von unserem Hören und andeutenden Beschreiben her schließen sich die Quartette Op. 33 sicher auch noch ihren Vorgängern an. Möglicherweise tun sie das aus einer Orientierung weiter an konkreten religiösen Sujets, die man (wie oben angedeutet) hier aber in konkreten Heiligenlegenden oder im franziskanischen Umfeld beheimatet denken könnte. Die Franziskaner waren der Lieblingsorden der Fürsten Eszterházy und in Eisenstadt mehr als einmal vertreten. Manche der Sätze lassen durchaus Assoziationen zu Legenden aus dem Leben des Hl. Franziskus zu.[10] Finscher (410) sieht in Op. 33 zwar nicht „das" klassische Quartettwerk, aber Op. 33 wurde seiner Meinung nach zum ersten, das zusammen mit den folgenden Quartett-Opera „Haydns Position als Klassiker der Gattung" definiert hat. Und doch schätzt Finscher Op. 33 als „Epochenwerk" ein, als „exemplum classicum". Für uns wohl eher ein „Abschluss" einer *Lebensepoche* Haydns, der dann, zum Ende der 80-Jahre gewissermaßen neuartige(?) Quartette folgten.

Allerdings wurde Op. 33 öffentlich wahrgenommen: durch Rezensionen und durch ein „Reisequartett". Dies scheint im unmittelbaren Umkreis Haydns eine neue Entwicklung zu sein! Das

---

[10] Die Schwierigkeit, so etwas zu verifizieren, besteht auch darin, dass zu rekonstruieren wäre, was Haydn (im Gegensatz etwa zu den Ergebnissen einer heutigen Franziskus-Forschung) wissen und annehmen konnte. Besaß er etwa eine Fassung der *Legenda aurea*?

Streichquartett wird zu einer „öffentlichen" Musik, wenn auch innerhalb einer eingeschränkten Öffentlichkeit! Dies hat wohl Folgen für die Struktur. Op. 33 und vor allem aber Op. 50, brachten viele Nachahmer hervor, u. a. auch Schüler Haydns und / oder mit Widmung an ihn! Aber nur ein einziges Werk ging nach Finschers Meinung entscheidend über „die Kanonisierung des klassischen Musters hinaus": Mozarts sechs Quartette (1782-85), ja ebenfalls mit einer Widmung an Haydn. (Als klassische Muster rezipiert wurden diese aber erst nach Mozarts Tod.)

Op. 33 stünde also gleichsam janusköpfig wie die Selbstbestätigung aus der Erfahrung der Wirksamkeit des vorher Komponierten, anderseits wie der Beginn aus einem neuen Selbstbewusstsein aus dem Spiegel der Erfahrung heraus zu komponieren. Die Briefe deuten an, dass Haydn den Weg zur neuen Verfügung über sich gesehen habe, den er mit Op. 33 aber erst zu beschreiten begann.

VI. Komponieren auf dem Weg zur Organisation des Mit-Spielens. Die Streichquartette Op. 50, die »Sieben Worte« (Op. 51) und das Quartett Op. 42

Sechs bis sieben Jahre nach Op. 33 hatte Haydn wiederum sechs Quartette beisammen; diese, als Op. 50 gedruckt, gelten als 1787 entstanden. Gerade bei ihnen wäre zu bedenken, dass es einen (vielleicht dreifachen) Übergang gibt: vom Selberspielen der Einzelnen zu einem solchen der vier zusammen, mit Wirkung auf ein sie als Gesamtheit u. d. h. Ensemble vertretendes Spielen bzw. Mit-Spielen der Gesellschaft; solches Ensemble ist aber gegenüber dem des Divertimentos als eine neu „gebildete" Einheit zu verstehen, in welchem die vier Spielenden im Bewusstsein ihrer selbst quasi als *ein* Instrument auftreten! Quartette werden (1.) zum Ausweis eines tendenziell professionellen Spielens „zusammen", das dann auch (2.) zu Teilen von Konzerten werden konnte, wie sie ja auch in London erklangen, wenn sie auch noch lange primär eher dem intimen und privaten Rahmen dienten. Dies aber setzte wohl (3.) eine weitere Verallgemeinerung des „inhaltlichen" Konzepts ingang, fast eine Neufassung, die das Quartett äußerlich der Sinfonie annäherte. (Für das eigentliche Selber-Spielen entwickelten Komponisten sozusagen der zweiten bzw. dritten Reihe Quartett-Traditionen, die dem Spielen von Nichtberufsmusikern entgegenkamen.)

Vielleicht dokumentieren die sechs Quartette Op. 50 das Bemühen um solche Verallgemeinerung. Diese Quartette nehmen wir im ersten Moment als solche wahr, die (uns und scheinbar) keinen spezifischen religiösen Eindruck (mehr) machen. Doch könnten uns gerade die letzten beiden der Reihe B-dur, C-dur, Es-dur, Fis-moll, F-dur und D-dur – so die offizielle Zählung – möglicherweise vom Gegenteil überzeugen; gerade das F-dur-Quartett kann einem wie eine „Benedictus"-Entfaltung erscheinen.

Was Haydns „Konzept" betrifft, so fällt auf, dass die ersten Sätze oft mit einer Art abgegrenzter Themenstellung beginnen. Während das *Allegro* des ersten Quartetts (B-dur) mit Quasi-

Adagio-Takten anhebt, denen eine Art Thema folgt, bevor das eigentliche thematische Spielen beginnt, setzt das C-dur-Quartett eine komplexe (und kaum „schnelle") Themenstellung an den Beginn, bevor die Spielenden die „richtige" thematische Struktur entfalten. Etwas aus dem Rahmen – und dies ist eine der zahlreichen Parallelen zur Sammlung Op. 33 – fällt das Es-dur-Quartett mit seiner gleichsam metrisch gefassten „Sprache" am Beginn, wogegen das Quartett in Fis-moll die thematische Einleitung aus einem Unisono heraus setzt, bevor die Spielenden zur Fortspinnungsarbeit anheben. Und sowohl das Quartett in F-dur, als auch das in D-dur setzen eine entsprechende „Eröffnung", das erstere spezifisch eine „Entfaltung davor", das letztere eher eine Art Motto. Wohlgemerkt: Haydn grenzt keinen eigens bezeichneten und auch eigentlich keinen tempomäßig unterschiedenen Einleitungssatz vor dem Beginnen ab (wie in den entwickelten Sinfonien); aber der Beginn des Spielens scheint erst einmal kundzutun, dass im folgenden „die Rede ist von…" bzw. – und das erscheint besonders wichtig – mit welcher konkreten Inhaltlichkeit in den möglicherweise schon vorher komponierten Innensätzen gehandelt werden wird. Ein zweites und möglicherweise doch auf religiöse „Inhaltlichkeit" weisendes Merkmal stellen die kontrapunktischen Passagen dar, vorwiegend in durchführungsartigen Abschnitten, und da einerseits in Finalsätzen, anderseits auch in ersten Sätzen (→ C, Es, F) u. d. h. offensichtlich in solchen Sätzen, die der Sonatenform entsprechen. Der Satz IV. des Fis-moll-Quartetts ist eigens mit „Fuga" überschrieben und arbeitet mit seinem Thema in zwei Abschnitten, einmal in einer Originalgestalt und dann in der Umkehrung, nachdem bereits im Trio davor mit imitierenden Einsätzen hantiert worden war.

Die zweiten Sätze sind eher „*Andante*"-Sätze, auch wenn sie nicht alle so bezeichnet sind. Nur in den letzten beiden Quartetten besitzen sie die typische Feierlichkeit, wobei vor allem der des F-dur-Quartetts im sich fortzeugenden Fortschreiten entworfen ist. Doch erscheint im Vergleich zu diesem der Spielraum groß, wenn man das *Adagio non lento* des ersten Quartetts danebenstellt, dessen Spielen sich selbst (trotz des 6/8-Taktes) als ein feierliches

Menuett mit einer Art *Minore*-Abschnitt (statt eines Trios), wie ein überirdisches Schweben als „Tanz", entfaltet; dass in diesem Quartett der III. Satz, ein mit „Poco *Allegretto*" bezeichnetes *Menuetto*, fast wie eines der Scherzi von Op. 33 anhebt, resultiert wohl daraus; dass er gleichzeitig mit Chromatik versetzt erscheint, hebt ihn aber von den anderen *Menuetto*-Sätzen ab, die ihrerseits je als eigenartige „Reaktion" auf das je Besondere der ihnen vorausgehenden langsamen Sätze erscheinen.

Wir stoßen hier auf eine „reaktive" Zusammengehörigkeit der jeweils II. und III. Sätze (die sich zumindest bei den späten Londoner Sinfonien ebenfalls andeuten), so, *als würden je diese beiden eine Art primär entworfenen oder gemeinten „Kern" eines als musikalisches Spielen entworfenen Handelns bilden*, an dem „dann" die Thematik und Struktur der Rahmensätze sich auszurichten hätten. Im Ganzen zeichnet die Sätze dieser Quartettsammlung noch durchaus etwas Bizarres aus, etwas Außergewöhnliches und nicht gerade „Klassisches" (das es wohl eh nur als ideelles Konstrukt der Nachwelt gibt). Das, was bereits bei der Sammlung Op. 33 auffiel, das erscheint hier verstärkt wahrnehmbar, vielleicht durch eine neugefasste Konzeption, aus der heraus die ersten Sätze wie „thematisch" einleiten. Solches kann eigentlich nicht an dem Adressaten – dem selbst Violoncello spielenden preußischen König Friedrich Wilhelm II. – liegen. Auch was die Bevorzugung kontrapunktischer Satzmuster in einigen Phrasen betrifft, sind wir vielleicht allzu schnell geneigt, Erklärungen aus unserem Wissen der Tatsache zu suchen, dass Haydn diese Quartette dem preußischen König widmete. Denn, ob er sie „für ihn" (und dann noch aus einem entsprechendem Vorurteil: → evangelischer Norden → Bach → Kontrapunkt) komponierte, das wäre nur sehr oberflächlich zu vermuten.

Wenn wir das „Konzept" in seiner Verallgemeinerung benennen sollten, dann müssten wir beim „Kern" beginnen, bei einem Zitat oder einer zentralen Verlautbarung, also einem konkreten Äußern des/eines Subjekts als je II. Satz und einem gefühlsmäßigen und gleichsam auch körperlichen Reagieren des/der Subjekts/e darauf im jeweils III. Satz. Der I. Satz würde demnach eine

Art „Thema" skizzieren: „ich nehme mir etwas vor und schmücke es mir aus..." Und der IV. Satz beschlösse den Akt mit einer wesentlichen Einsicht oder emotionalen Aktion (wie „Freude"). Das Entwerfen zielte also darauf, das Streichquartett als eine quasireligiöse Verrichtung des Menschen zu verallgemeinern und (vorläufig noch) mit formellen Zügen (wie „Themenstellung" oder „kontrapunktische Phasen") zu versehen.

*

Solche Ansicht bringt uns vielleicht nicht zufällig auf das sog. Op. 51, auf „Die Sieben letzten Worte...". Wie diese „Vertonung", im Original mit *„Musica instrumentale sopra le 7 ultime parole del nostro Redentore in croce"* betitelt, entstand, das hat Haydn später aus der Erinnerung Griesinger erzählt. Demnach hatte ein Domherr im spanischen Cádiz für eine besondere Passionsfeierlichkeit sieben Instrumentalsätze bestellt, die je hinter Lesung und „Betrachtung" der letzten Worte Jesu während einer je folgenden Meditation gespielt werden sollten. Haydn hat zu diesem Zweck sieben als „Sonata" bezeichnete langsame Sätze (*Largo – Grave e cantabile – Grave – Largo – Adagio – Lento – Largo*) entworfen und ihnen als „introduzione" ein *Maestoso ed adagio* sowie als Beschluss ein *Il terremoto (Presto e con tutta la forza)* hinzugefügt.

Haydn hat den Auftrag zu dieser reinen Instrumental-Komposition(!) 1785 erhalten; 1786/87 hat er die Entwürfe gefertigt, und bereits im Jahr der Fertigstellung begannen eine von Haydn selbst erstellte Streichquartettfassung und ab 1788 die Orchesterfassung zu erscheinen, nachdem bereits handschriftlich vervielfältigtes Stimmenmaterial vertrieben worden war. Offensichtlich wurde im Druck (wohl noch 1787) die Streichquartettfassung also zuerst veröffentlicht, und dies in London; die Orchesterfassung erschien erstmals 1788 in Paris, bevor dann auch u. a. der „eigentliche" Verleger Artaria zum Zuge kam. Interessant für uns ist, dass (1.) die Fassung für Streichquartett vor der für Orchester erschien und dass sie (2.) den Vermerk „This Work is calculated for Sunday Concerts" trug. Natürlich kann es sein, dass der Vorrang der Fassung für die vier Streichinstrumente im geringeren Aufwand gründete. Doch käme eine Feststellung einer möglichen Wesentlichkeit der Streichquartettfassung (für Haydn!) unserer Interpretation der Streichquartette insgesamt als (im weitesten Sinn) religiöse Musik entgegen. Die Literatur teilt diese Meinung nicht. Lesen wir Finschers gegenteilige Einschätzung:

> „Haydn hat sich mit der Quartettfassung nicht geringe Mühe gegeben, vor allem in Details der Artikulation, aber sie gehört doch in die große Reihe der Quartett-Arrangements aller möglichen Werke[…] und sie opfert allzu viele wesentliche und kostbare Details: selbständige Bläserstimmen; die zeitweise Trennung von Violoncello und Kontrabass; Bläserfarben, die bestimmte Streichermotive unterstützen und färben, wie etwa die Oboen und Fagotte in der dritten und vierten Sonate; das sordinierte Solocello, das in der zweiten Sonate die erste Violine oktaviert oder, entscheidend für die Wirkung, die Hochoktavierung der ersten Violine durch die erste Oboe im verklärten Schluss desselben Satzes; die durchdringenden staccato-Achtel der Flöte in höchster Lage im »Sitio«; die kontrapunktischen Verdichtungen im »Consummatum est«; die Hörner- und Oboensoli in der letzten Sonate und vor allem deren in die Stille verklingender diminuendo-Schluss in den Flöten und Hörnern, und vieles mehr. So kunstvoll Haydns Bearbeitung auch ist, sie hat kaum einen Takt, in dem nicht die musikalische Substanz und mit ihr der transmusikalische Gehalt reduziert sind."

Selbst in diesem Text aus Finschers Haydn-Buch[1] spricht eigentlich einiges dafür, dass Haydn die Orchesterfassung an einer Art vierstimmiger Skizze erstellte, und dabei entsprechend der zusätzlichen instrumentalen Möglichkeiten das Spielen erweiterte und – wie man das eben macht, wenn man ein „zweites Mal" über einen Text geht! – diese ausdrucksbezogen überhöhte und verdeutlichte, statt umgekehrt. Unser Denken, nicht vom „voll-

---

[1] Vgl. a. a. O., S. 325.

endeten" Kunstwerk, sondern von Musik als Entwurf menschlichen musikalischen Tätigseins, lässt es zu(!), dass wir die „Sieben Worte" als durchaus irgendwie „ursprüngliche" Streichquartett-Komposition „im Geiste" auffassen: denn gerade als solche „passen" sie in das von uns angesprochene (und zugegeben spekulative!) Selbstverständnis der Streichquartett-Komposition ab dem sog. Op. 9 als eine „religiöse Musik". Wir finden hier das Thema „Andacht" in Potenz. Die „Themen" erscheinen einerseits aussprechensgezeugt, anderseits darstellend und drittens musikalisch entworfen. Auch die Reife der Konzeption, der prozedualen Umsetzung eines Äußerns in einen komplexen Gedanken- und Medidationsgang, der sich (notwendig: gerade, um nicht „Programmmusik" zu werden) des formalen Rahmens des *Adagio*- oder *Largo*-Musters (in unterschiedlichen formalen Ausprägungen) bedient![2]

Die eigentliche Unmöglichkeit, Haydns Op. 51 als „Musik" u. d. h. gleichsam „kunstwerklich" zu hören, wirft ein Licht auf die (auch und gerade für ein Selbstvollziehen notwendige) funktionale Konsequenz der Viersätzigkeit der „normalen" Quartette, sowohl ihrer Satzfolge als auch der besonderen und dem Hörenden vertrauten Form der einzelnen Sätze. Denn diese ermöglichen je einerseits ein programmatisches Erfüllen, das im Allgemeinen verbleibt, bei gleichzeitigem Eröffnen der Ermächtigung zu einer eigenen Sinngebung (ganz im Sinne des Urhebers). Und sie vermitteln Sinnhaftigkeit dadurch, dass sie sich als Folge innerhalb eines typischen menschlichen Handlungsganges je „selbst" (u. d. h. unser Hören von sich aus) rechtfertigen.

Man kann sich durchaus – um sich der Existenzbedingungen einer solchen Musik klarer zu werden – der CD-Edition der „Sieben Worte" in der Fassung bedienen, in der Walter Jens die Worte Christi (die ja auch in den einzelnen Satzüberschriften vermerkt sind!) mit Gedanken dazu verbindet, den ursprünglichen Zweck

---

[2] Nirgends stoßen wir freilich zentraler auf Haydns Begriff der „Absicht" aus jenem vielzitierten Tageslaufbericht von Griesinger; vgl. u.

der Komposition also nachkonstruiert, aber keinesfalls rekonstruiert; ihm geht es um seine Gedanken und durchaus solchen seiner Zeit. Vor allem der Vergleich zwischen (einerseits) dem Versuch, die Komposition (jetzt vor allem in der Fassung für Streichquartett!) nur als musikalische zu hören, den ich nur mit Pausen bewältigen kann, und (anderseits) der Erfahrung, sie mit den Reden von Jens dazwischen gehört zu haben, ist ungeheuer lehrreich. Letzteres machte sich keineswegs an den Texten des Redners fest, – diese habe ich sogar schnell wieder vergessen! Geblieben als Erfahrung ist mir das Erlebnis eines gedanklich erfüllten Mitvollzugs des jeweiligen Spielens danach: durch das (sicher dazu auch geeignete!) Wort fand ich mich *aufgeschlossen*, den Gedankengang eben nicht gleichsam fortzusetzen, sondern ihn nun als musikalischen und darin quasi „eigenen"(!) erst zu beginnen, nicht eigentlich „die Komposition" mit-zuvollziehen, sondern sie als gleichsam eigenes (inneres) Äußern angesichts des Wortes Christi zu vollziehen, – also möglicherweise genau das erfolgreich zu tun, was Haydn mit seinem Entwurf implementiert hatte. Ich habe kaum je derart erfüllt einem instrumentalen Spielen folgen können, wie bei der Erstbegegnung mit dieser CD-Fassung (vor vielen Jahren).

Man kann diese Edition als eine Art Versuchsanordnung betrachten, die genau das als Erfahrung vermittelt(e), was Haydns Musik wohl stets sein will: die *Ermächtigung zu einem Mit-Spielen als Aneignung eines Gedankengangs, der in einer prozedualen Weise eine im Kern sprachliche (und darin bereits sängerische!) Äußerung in ein übersprachliches und gesamtmenschliches Äußern transformiert.* Flapsig gesagt: die Musik bekam sozusagen Sinn in meinem und durch mein persönliches Hören. Doch: dem Hören als einem spezifisch eigenen (als ein „Ich höre") Sinn Geben, tun wir das nicht selbstverständlich? Die Frage ist zum einen: gibt es da einen „gemeinten", einen vom Komponisten zeitgenössisch (möglichst und notwendig) implementierten Sinn, den wir heute aus einem existenziellen Erfülltsein und (notwendig) aus unserer musikalischen Bildung uns in unserem heutigen Hören geben können, vielleicht in diesem erfahren können, indem wir uns durch das von Haydn entworfene Spielen ermächtigen lassen. Wir sagen deshalb auch nicht „Ich höre zu"; das „zu" trennt bereits wieder. Hier geht es um eine Einheit: darum, dass das in mir gleichsam als gesamtkörperliche Empfindungsvorgang entsteht (was Haydn entworfen hat), parallel dem Erklingen (und selbstverständlich vermittelt durch die Ohren), wobei ich im Akt des parallelen Entstehens (= Aneignung) jene Inhaltlichkeit im Prinzip denke oder empfinde, die Haydn selbst im Sinn gehabt haben könnte. Dazu benötigen wir Hilfe, vielleicht auch, weil jene Religiosität, die Haydn noch erfüllte, uns nicht mehr zur Verfügung steht. Hierbei tritt einerseits Jens ein. Anderseits unterstützt solches, im Verein mit den die „Worte" zitierenden Titeln, vielleicht im Besonderen die Orchesterfassung, die mittels einer permanenten und verstärkten Intentionalität des musikalischen Bildens Momente des (Mit-)Vollzugs verdeutlicht.

Doch auch die Fassung für Streichquartett strahlt „genügend" Intentionales aus. Das beginnt (1.) mit einer Art äußernden Mitvollzugs gleichsam der Worte Christi; diese sind bei den langsamen Sätze in Op. 51 sogar nachzuvollziehen, da sie im jeweiligen Titel angedeutet und in der späteren Oratorienfassung den Themen unterlegt wurden. Doch sehen wir sofort, dass die Geste des instrumentalen „Aussprechens" eine solche des ausdrücklichen Singens ist. Gleichzeitig sehen wir (2.), dass diese nicht alleine stehen bleibt, sondern erweitert wird durch Wiederholen, sequenzierendes Anheben, Steigern, plötzlichen kräftigen Forteeinsatz (→ Bekräftigen) oder durch ein Absenken im Wiederholen und Versickern (→ Erschöpfung, Trauern), durch In-die-Höhe-Führen, durch Münden in eine Art (harmonisches) Ergebnis, Verlängern der Motivik (→ Vergrößern der Ausdrücklichkeit), durch chromatisches Anheben oder Vervollständigen zu einer musikalisch sinnvollen Größe (→ zusätzliche Ausdrucksmomente), Anstoßen von Nebengedanken (→ z. B. Trösten) per Modulation oder Wechsel des Tongeschlechtes usw. Wir könnten die Liste, die im Grunde (auch) eine der sog. thematischen Arbeit darstellt, fast ins Unendliche fortführen; es muss uns aber klar sein, dass alle diese kompositorischen Maßnahmen mit einer

handlungsmäßigen Intention verbunden sind. Solche Arbeit vollziehen die Spielenden (3.) aber stets im Rahmen des musikalischen Satzes, der selbst ein Moment der Ausdrücklichkeit sein
kann oder die der thematischen und motivischen Arbeit leitet,
ermöglicht und miterschafft (→ z. B. synkopische Führung der
Stimmen; Entwerfen eines betont imitatorischen Satzes). Doch
sind wir hier bereits (4.) bei den Satzformen, die einerseits den
Vollzug dessen, was musikalisch vorgeht, entstehen lassen, anderseits an Lebensbereiche anknüpfen, gleichzeitig stets Lebens-
erfahrungen in uns aktualisieren (→ Tanz, Andächtigkeit, Jagd,
Natur o. ä.). Denn ohne sie wäre alle musikalische Mühe verge-
bens!

Die Funktionen der vier Sätze innerhalb eines Zyklus „Streichquartett" (oder „Sinfonie" o. a.) – als eine „auf die Stufenfolge
menschlicher Empfindung consequent und gut berechnete, mithin der Wirkung auf das Gemüth sehr vorteilhafte Reihe der
Sätze"[3] – war ja auch den nachfolgenden Generation (am Beginn
des 19. Jahrhunderts!) durchaus aufgefallen. Doch stellten sie zur
Zeit Haydns wohl noch ein Selbstverständliches des Lebensvoll-
zuges dar, das nicht notwendig zu thematisieren war. Im Verständnis dessen, dass es im Hören hier um das Entstehen-Lassen
eines musikalischen Prozesses (in uns) inclusive eben des Auf-
richtens einer möglichen Inhaltlichkeit ginge, neigen wir dazu die
Angaben von Finscher zu präzisieren. Im Kopfsatz „als Träger
geist- und kunstreicher thematischer Arbeit" ginge es um das
Aufrichten einer Vorstellung von einem Geschehen oder einer
menschlichen Situation, in die wir involviert werden, im langsamen Satz „als Affektzentrum" um ein Äußern eines für die Situation ... zentralen „Wortes", einer wesentlichen Einsicht oder eines
Gedankens, im immer noch dem Menuett nahestehenden dritten
Satz als „Stilisierung elementarer und gesellschaftlicher Tanzcharaktere" um eine (= „meine") menschliche und dabei durchaus

---

[3] Das Zitat aus der Leipziger Allgemeinen musikalischen Zeitung von
1812 entnehme ich Finscher, S. 409, wo der Autor auch selbst die Funktionen der vier Sätze, bezogen allerdings auf die Quartette Op. 33, allgemein
charakterisiert; vgl. hierzu die weiteren Zitate im folgenden Text.

auch körperliche Reaktion darauf, die auch Nebengedanken (→ Trio) zulässt; und im vierten Satz „als Ort des musikantischen Temperaments, aber auch des aufklärerischen »Witzes«" um die meist sehr plötzlich einfallende Vorstellung von einer neuen Situation, letztlich ausgelöst durch den „Gedanken" des zweiten Satzes. Wir können also Finschers »rezeptionsästhetische« Zusammenfassung der Satz-Konsequenz, gemäß der „der erste Satz als geistige Herausforderung,, der langsame Satz als Ort des Gefühls und der Kontemplation, der Tanzsatz als Beschwörung der Vitalsphäre und das Finale als Entspannung und Abschied" anzusehen seien[4], in eine Selbstbefindlichkeit hinein „verlängern": die geistige Herausforderung des ersten Satzes bestünde eben darin, sich selbst gleichsam in die Situation oder Konstellation einer von uns selbst vollzogenen Handlung einzuleben, um dann im zweiten offen zu sein für die Selbstentwicklung jenes Gefühls, jener Kontemplation, um dann gleichsam selbst zu reagieren und schließlich in eine eigene(!) Befriedigung zu münden. Auf der Grundlage unserer Anschauung von Musik als Tätigkeit und von solchem Tätigsein als einem prinzipiell parallelen Vollzug sehen wir in der Viersätzigkeit eine Art vollendete Möglichkeit des Er- und Durchlebens eines quasi eigenen menschlichen Handelns und damit eines „etwas" Selbst-begonnen-, -durchlebt- und -vollendet-Habens.

Es ist durchaus denkbar, dass Haydn, als er die Frieberth'sche Bearbeitung als Oratorium zufällig in Passau hörte, die Idee aufgriff, selbst ein solches Oratorium aus den Sätzen herzustellen, weil im klar war, dass die „Musik", die er da entworfen hatte, im Prinzip „verloren" war (es sei denn, man benützte sie zufällig im Rahmen einer Veranstaltung, wie sie in Cádiz vorgesehen gewesen war): Niemand will oder kann acht Adagios hintereinander hören. Die Bearbeitung rettete sozusagen die Entwürfe für die „gewöhnlichen" Situationen seiner Landsleute und der ganzen Welt.

*

---

[4] Die Reihenfolge der Zitatbestandteile wurde etwas verändert.

Kommen wir zurück zu den Streichquartetten Op. 50, die wohl tatsächlich nach den „Sieben Worten" entworfen wurden. Haydn hatte nach Op. 33 sechs Jahre keine Streichquartette geschrieben. In der Zwischenzeit war er mit Mozarts ihm gewidmeten Quartetten bekannt geworden. Vielleicht haben gerade diese Haydn einen Spiegel vorgehalten und ihm die Bedeutsamkeit seiner Quartette und vor allem seines Op. 33 vor Augen geführt und ihn gleichzeitig zu einer neuen Personalisierung des Spielens angestachelt; diese schlug sich nun in Op. 50 nieder. Die Pause dazwischen führt zur stilistischen Umorientierung, die Finscher (412 ff.) auch detailliert anspricht. Hat er Mozarts Konzept als Mutmacher zum intensiveren Rückgriff auf die eigene Erfahrung (als nun voll Erwachsener!) bei der Thematisierung seiner Quartette aufgefasst? Denn die o. angesprochene Verallgemeinerung weist auch altersmäßig darauf hin, dass Haydn – er ist jetzt 55 Jahre alt – nun in die Lage kommt, jenes Handeln des Spielens als ein menschliches aus seiner spezifisch eigenen Lebenserfahrung heraus zu entwerfen.

Ein Kennzeichen solchen nun persönlichen Zugriffs könnte in den „Unstimmigkeiten" bestehen, die wir auch bereits oben angemerkt haben. So beginnt der *Allegro*-Satz im B-dur-Quartett (Op. **50/1**) mit quasi *Adagio*-Takten, um sich in einer auffallend formellen Weise eher wie ein *Andante allegretto* zu entwickeln: der thematisch Komplex führt zur zielgerichteten Arbeit und diese zum Schlusssatz; die Durchführung ist relativ kurz, führt zur Scheinreprise mit zusätzlicher Durchführungsarbeit und fließendem Übergang in die Reprise, hinter der der Satz in der Regel versickert. Das *Adagio non lento* erscheint wie ein *Andante* mit seinen Variationen, fast ein feierliches Menuett (wenn man die Taktvorzeichnung im Hörakt nicht sehen kann). Und das Menuett gleicht eher einem Scherzo, wenn es sich auch zarter entwickelt. Der IV. Satz kommt im Thema einer Art „Rädchen" nahe, entwickelt sich aber überraschend trotz des *Vivace* als Sonaten-Exposition (und nicht als Rondo). Seine Durchführung mündet in eine fugenartige Sequenz, bevor der Satz in die Reprise übergeht. An deren Ende scheint das Spielen (= das „Äußern"!) aufhören zu wollen, um sich nochmals im *piano* aufzunehmen und in eine Schlusskadenz zu münden.

Auch im C-dur-Quartett (Op. **50/2**) beobachten wir Besonderheiten, die möglicherweise auf den vermehrten Rückgriff auf die eigene Lebenserfahrung resultieren. Der I. Satz, ein *Vivace*, hebt kaum schnell an und bedarf in seinem eher *Andante*-Grundtempo einer langen Einleitung, bevor er die „richtige" thematische Struktur entwickelt. Auch hier arbeiten Durchführung und Reprise mit kontrapunktischen Techniken. Am *Adagio cantabile,* auch es eher einem „Andare" angenähert und fast ein Marsch, kann einem eine Art Rollenteilung zwischen der oberen Violine und dem Violoncello ein- bzw. auffallen. Während erstere das Spielen wie mit wortreicher menschlicher und gestenreicher Artikulation erfüllt, übernimmt das Cello den Ausdruck inneren, quasi körperlichen Bewegtseins. Solcher tritt hier in einer wehmütigen Akkordik vor Eintritt des A'-Abschnitts hervor, welcher selbst in einer Gestik des „Adieu" endet. Und als Reaktion scheinen im *Menuetto* beide solchem „Abschied" gegenreden zu wollen, wogegen abwehrende Gesten des übrigen oder gesamten Instrumentariums stehen. Die lebendige Schilderung möglicher Alternativen (Trio) bleibt aber letztlich stecken. Und nun scheint das Finale, ein *Vivace assai,* tatsächlich ernst zu machen, denn nach einer Art Einleitungsabschnitt geht es sozusagen „richtig" los, nicht ohne die schmerzliche Geste (des/der Zurückbleibenden) im Schlusssatz der Exposition und dem Hinweis auf Gefahren in der Durchführung. Gerade in der Reprise scheint die o. a. Rollenzuweisung wieder hervorzutreten.

Auch das *Allegro con brio* des Einganssatzes von Op. **50/3** (Es-dur) wirkt eher wie ein *Allegretto.* Auch es besitzt einige Eigenheiten, so das gesetzmäßige Vorgehen wie in gereimten Zeilen und die kontrapunktischen bzw. fugenartigen Satzstücke in der Durchführung, die alle Stimmen an der Ausdrücklichkeit beteiligen. Auch der typische musikalische Doppelpunkt (vor der Reprise und nach einer „Bekräftigung") tritt auf. Schießlich beobachten wir auch das überraschende Aufhören und Neuansetzen, wie um nochmals den Ausgangspunkt des Denkens in Erinnerung zu rufen. Beim *Andante più tosto allegretto* in B-dur überrascht der Duo-Beginn, fast im Ton eines Baryton-Trios, erst der Unterstimmen, in der Fortsetzung von den Oberstimmen her sukzessive aufgefüllt. Eine Moll-Variante in Drei- und Zweistimmigkeit erweitert die tiefe, oft durch Chromatik verstärkte Empfindung, bevor eine variierte Reprise in einen eigenen Mittelteil leitet. Dieser, gleich einer positiven Erinnerung, mündet in zwei- und dreistimmige Varianten des Hauptthemas, wobei letzteres oft die Unterstimme bildet. Auch dieser Satz klingt aus. Meint er ein „Andenken an…"? Das Melos des Menuetts steigt stufenweise an, verharrt geheimnisvoll und vollendet sich im leichten Abstieg, – ein *signum vitae*? Das Trio dreht die Verhältnisse zugunsten des Abstiegs, in großer Lebendigkeit. Von einem wie bejahenden Motiv mit seiner kontrapunktischen Begleitung beherrscht, erscheint dann das Finale, überaus eifrig auf das Menuett reagierend. In diesem Es-dur-Quartett gibt sich manches in den Rahmensätzen ob der begrenzten Motive wie ein Spielen mit Kinderreimen.

Das folgende Fis-moll-Quartett (Op. **50/4**) erinnert daran, dass diese Quartette unmittelbar nach den „le 7 ultime parole" entstanden sind. Zumindest endet es überaus ernst und – wie Feder[5] geltend macht – in einem apodiktisch kurzen und offensichtlich radikalen *Allegro-molto*-Finale (und nicht, wie die gängigen Aufnahmen, in einem *Allegro moderato*). Entsprechend behält dessen Fuge ihr Mollgeschlecht und hellt (sich) nicht auf. Ihre thematisch bestimmende Geste mit einem wie impulsiven Einsetzen auf leichter Zeit verbindet das (durchaus auch!) religiös besetzte Intervall der verminderten Septe (als Teil eines verkürzten Dominant-Sept-Non-Akkodes in Moll) in einer selbst überraschenden Anordnung mit einem tänzerischen Anhang auf eine Weise, dass der „leidende" Charakter des Intervalls gleich doppelt karikiert erscheint. So kurz der Satz, so bedeutsam möglicherweise für die Geltung des gesamten Quartetts, das mit einem *Allegro spiritoso*

---

[5] Vgl. Feder, S. 73.

anhebt und (fast in der Art der „Eroica) die Tonart klarlegt. Dies geschieht mit einem Motiv, das wie eine Entrüstung oder wie Widerspruch klingt, sich in eine Art Bedauern fortspinnt und schließlich in der Wendung nach Dur fast in eine Akzeptanz dessen mündet, was man vorher von sich gewiesen hatte. Durchführung und Reprise bestätigen dies. Der II. Satz, ein *Andante,* evoziert erst einmal in seinem A-Teil den Eindruck des Lieblichen, vielleicht auch einen des Verehrens oder Überzeugen-Wollens. Demgegenüber erscheint der B-Teil in A-moll als ein Rückblicken und ein Herausführen angelegt, das von sich aus auf den Dur-Teil hin herausleitet. Die wiederholte Aufnahme beider Abschnitte und der Schluss mit einem neuerlichen A-Teil geschehen je variiert, bejahend und wie eloquent vertiefend. Der III. Satz, ein *Menuetto poco allegretto,* wendet sich wieder nach Fis, bleibt aber in Dur und setzt eine Art innere Korrespondenz zwischen einer wie zuneigenden Partei, sozusagen leichthin, und einer ernsten, mahnenden, vorzugsweise im Unisono, ingang. Das Trio scheint dies ausmalend in Fis-moll aufzunehmen, während das Dacapo nochmals nach Dur zurückkehrt, bevor das Finale kurzen und „spukhaften" (Feder) Prozess macht.

Der erste Satz des F-dur-Quartetts (Op. **50/5**), anfangs aus einer zweistimmigen Thematik hergeleitet, erscheint wie ein Äußern in beständiger Korrespondenz und Fortführung; es gibt keine Stelle eines vermeintlich nur-musikalischen „Ausruhens". Alles strebt und scheint aus einem Impuls heraus komplex weiterentwickelt zu werden. Auch die Durchführung mit ihrer überraschenden Modulation nach Es und ihren dramatischen und kontrapunktischen Phasen schließt sich hier an. Schließlich verweist die veränderte Reprise auf ein wie Vorbeiziehen, mit plötzlichem Innehalten und dem erneuten Aufnehmen des thematischen Komplexes, – wie, um nochmals die wesentliche Äußerung bestätigend ins Bewusstsein zu heben. Das *Poco Adagio* in B-dur, ein Satz im konzertant-harmonischen und sich fortzeugenden Fortschreiten, das auffallend mit einem „oben" bzw. „nach oben" (incl. Gegenbewegung) umgeht, ist relativ kurz. Und spätestens hier denkt man (in Zusammenfassung der beiden ersten Sätze) an eine Szene des

Vorübergehens, fast im Sinne eines *Benedictus*). Dem entspricht dann das Allegretto, ein „*Tempo di Menuetto*"-Satz, als ein Reagieren wie im Sinne einer „Erkenntnis" (der Allen / Anderen) dessen, wer (oder was) hier vorübergegangen... Sein Trio, das sich nach F-moll wendet, vertieft solche Erkenntnis. Dem schließt sich das *Vivace*-Finale wie ein Feiern des Ergebnisses an, nicht ohne in einer kurzen Durchführung gleichsam dramatisch auf „seinem" Ergebnis zu bestehen.

Die beiden Quartette in Fis-moll und F-dur erscheinen durchaus in Einigem wie ein Gegensatzpaar. Beide verbindet ihre Kürze, und beide schließen sich mit außergewöhnlichen Satzkonstruktionen an die o. a. „Unstimmigkeiten" an. Auffallend erscheint, dass Feder oft auf Abweichungen in der traditionellen Lesart der Partituren hinweist; offensichtlich hat die Mitwelt aus Unverständnis beim Druck der Quartette „korrigierend" eingegriffen.

Der erste Satz des D-dur-Quartetts, Op. 50,'6, beginnt mit einer vier Takte langen „Herleitung" aus einem dominantischen melodischen Fall, an deren (tonikalem) Ziel stufenweise melodische Aufschwünge anhängen, die selbst zusammen mit Fortspinnungsmotiven, mit späteren Kontrapunkten und dem melodischen Figur des Abstiegs vom Beginn konstitutive Bestandteile des Spielens bilden. Doch ist der Satz ein Wunder in seinen vielen Wegen der Fortspinnung und den harmonischen Wechseln in gegenklangliche Räume. Vor allem repräsentiert er mit seinem Beginn, der selbst wie das Ziel einer langen Entwicklung sich ausgibt, gleichsam ein Immerwährendes, – gleich der Omnipräsenz eines dem Menschen Gegebenen. Das *Poco adagio*, der zweite Satz in D-moll, bearbeitet eine an sich liedhaft angelegte Thematik in der Weise eines Sonatensatzes. Die Tonart vermittelt im Verbund mit den innerthematischen Tonwiederholungen ernsthafte Feierlichkeit. Dabei fallen auch die bewegten Begleitfiguren vor allem von dem Zeitpunkt an auf, an dem das Spielen mit der Thematik eine Art Seitensatz (in F-dur, in der Reprise in D-dur) bildet, wobei der Part des Violoncellos (u. a. in der Schlusssatz-Coda) besonders bedacht ist. Auch die relativ kurze Durchführung wird vom Wechsel der Tonarten (D-dur→F-dur) ebenso bestimmt wie von der besagten Unterstimmenführung. Räumlich weit ausgreifend und im lombardischen Rhythmus wie rechthaberisch reagiert das *Menuetto* (*Allegretto*). Dagegen scheint das Trio, sich in einem vorwurfsvollen und mit Fragen bestückten Ton gebärdend, sozusagen Einspruch zu erheben. Den IV. Satz kann ich im Zusammenhang der von Haydn vorgeschriebenen Bariolage in den häufigen Tremoli kaum als ein „Quaken" entdecken, das dem Quartett den Namen „Froschquartett" eingebracht haben soll. Stattdessen nimmt man eher bedauerndes und wie entschuldigendes „Jammern" wahr, das sich der eigenen „Schuld" bewusst ist und im sog. „Seitenthema" ein „was wäre, wenn..." sich ausmalt. Doch versickert der Satz im „Bedauern".

*

Schließen wir hier noch einen „Rückblick" an! Die Quartette Op. 50 (bis 1787) bilden wohl mit den ihnen folgenden, Op. 54/55 (1788) und Op. 64 (bis 1790), eine ähnlich zusammengehörende Gruppe von 18 Streichquartetten, wie die Opera 9, 17 und 20. Zu dieser gehören auch die „Sonaten" der „Sieben Worte" Op. 51 (1786) sowie ein einzeln überliefertes Quartett (D-moll, Op. 42) von 1785, das möglicherweise ein besonderes Licht auf diese Gruppe wirft. Es steht an deren Beginn und bezeichnet möglicherweise einen besonderen „Übergang".

Dieses etwas rätselhafte D-moll-Quartett Op. 42 hat, so wird angenommen, möglicherweise mit den „kleinen" dreisätzigen Quartetten zu tun, an denen Haydn 1784 für einen spanischen Auftraggeber arbeitete (vgl. Finscher, 411 f.) und die als verloren gelten. Angenommen wird, dass er möglicherweise dieses eine (aus einem unbekannten Grund) zur Viersätzigkeit ergänzt und im Ganzen wohl umgearbeitet und 1786 einzeln veröffentlicht habe. Doch hört man sich die Sätze durch, dann wird fraglich, welcher Satz denn der ergänzte sein könnte! Stellt man weiter die Frage nach dem Anlass, dann erscheint mir dieser (aus der begrenzten biographischen Kenntnis heraus freilich) trotz des relativ langen ersten Satzes mit seiner fast „traurigen" Thematik kaum auf einen Todesfall hinzuweisen. Unter Galuppi, den Haydn sicher als Klavier- und Opernkomponisten kannte, Friedrich d. Gr., der einem Österreicher nicht gerade nahestehen mochte, und Moses Mendelssohn, dessen Theodizee *Morgenstunden* Haydn besaß, käme im Zusammenhang der Streichquartette höchstens der letztere infrage.[6] Die außergewöhnliche Reihenfolge der Sätze und ihre unterschiedliche Länge lassen auch die Vermutung zu, dass das Quartett möglicherweise aus unterschiedlichen Quartetten zusammengestellt wurde. Und für ein solches Verfahren könnte vielleicht der Anlass in Haydns Aufnahme in die Loge „Zur gekrönten Eintracht" liegen, für die Haydn sich mit diesem Quartett gleichsam „stillschweigend" bedankte. Dagegen spricht, dass der letzte Satz so wenig optimistisch vorgeht und in Moll endet. Also doch Moses Mendelssohn zum Gedenken, aber in der Tonart D-moll?

Der erste Satz würde sich einer Assoziation der Logenaufnahme wohl anpassen. die beiden in sich wiederholten Teile des *Andante ed innocentemente* verhalten sich wie Sonatensatzabschnitte. Das Thema, aus wie „zuneigenden" Gesten zusammengesetzt und prolongiert und in ein Dur-Seitenthema übergehend, bildet mit einem zwischen Violine und Violoncello korrespondierenden Schlusssatz den ersten Teil. Der zweite beginnt durchführungsgemäß mit den Gesten des ersten Themas, zielt auf ein kurzes Seitensatz-Zitat und geht in eine Reprise ohne Seitensatz über. Der Satz verklingt regelrecht. Die Wiederholung des zweiten Teils, je mit dem Verklingen!, qualifiziert den Satz zu einer Art Situationsfeststellung (nicht aber einer persönlichen Stellungnahme). Man kann diesen Satz durchaus als eine Trauersituation auffassen, als Situation eines Gedenkens und auch des Trostes. Anderseits erweckt der II. Satz in D-dur, als *Menuetto. Allegretto* überschrieben, den Eindruck einer ausgewählten Gesellschaft,

---

[6] Zu fragen wäre, welche Rolle die im Nachlass bezeugte Schrift von Moses Mendelssohn für Haydn und sein Leben gespielt haben mag; deren lebhafte Disputation eignet sich wohl kaum zu einer Morgenlektüre des Komponisten.

sich oder jemanden begrüßend oder einführend, wobei das D-moll-Trio eine gleichsam mahnende bzw. gedenkende Verständigung einschließt. Das *Adagio e cantabile* in B-dur erscheint wie ein Eröffnen eines Wunderbaren in großer Feierlichkeit, überhöht z. T. durch die Girlanden der Violine I. Ein kontrastierender B-Teil gibt sich abgeleitet vom Hauptgedanken und moduliert einmal ganz überraschend (und gleichsam provokativ) nach Es, um gleich wieder nach B und in den Hauptgedanken zurückzukehren. Der Schluss bekräftigt letzteren, in eine sanfte Coda auslaufend und wie nachklingend. Erstaunlich der IV. Satz, ein *Presto*-Finale, wieder in D-moll. Er setzt sein Thema aus einem Fugenkopf, mit abfallender Dreiklangsaufspaltung (und bestimmender Quarte d''→ a') und einer Zirkelfigur incl. einem Kontrapunkt von Anfang an, und aus einem „Anhang" zusammen, der eine Kadenz typisch *presto*artig spielerisch ausfüllt. Auch Finscher sieht hier Elemente „der Fuge und des Sonatensatzes" verbunden. Doch scheinen beide eher als Herausforderung und Beantwortung einander gegenübergestellt, wonach erst einmal der Fugenkopf gleich einer entsprechenden sog. Fugenexposition von allen Stimmen aufgegriffen und dann von einem verdoppelten Sonaten-Schlusselement ganz selbstverständlich beschlossen erscheint. Ein Schlussspiel nach (hier) zwei aus der Quarte abgeleiteten geheimnisvollen Akkordverbindungen im piano leitet zur Wiederholung bzw. zur durchführungsartigen Fortsetzung, die beide Bestandteile des Themas gleichsam durchdiskutiert, um nach dem nun dreimaligen Akkordverbindung zum Schlussspiel anzusetzen. Dieses mündet (nach der Wiederholung) in ein Unisono des Themenbeginns und in zwei verklingende Zirkelwendungen, wie um die noch(?) selbstverständliche Primärgeltung jener „Welt", die der Fugenkopf repräsentiert, zu bestätigen.

Stellt das Quartett eine Art „Reaktion" auf Haydns Logenaufnahme dar, einen Disput um die Entlassung aus der (religiösen) „Unschuld", die gleichwohl die Frage nach der Priorität der Lebensweiser zwar beantwortet, sie aber mit dem Verharren in D-moll letztlich ungelöst lässt?

VII. Komponieren aus der Erfahrung eines Sich-Veränderns der eigenen Welt. Die Streichquartette Op. 54/55

Die sechs Streichquartette, die in der Haydnliteratur unter der Doppelbezeichnung Op. 54 und Op. 55 geführt werden, entstanden möglicherweise im Sommer/Herbst 1788. Finscher hält diese sechs Quartette, die getrennt und angeblich aus „Verlegerwillkür" zu je drei erschienen, als „von vornherein für den Markt" entworfen. Haydn habe sich hier – so die gängige Meinung – am französischen „Quatuor concertant" bzw. „brillant", also am französischen Geschmack orientiert; denn die Quartette, die die erste Violine im Satz bevorzugen, wurden von Haydn dem Geiger Tost nach Paris mitgegeben, um sie dort an einen Verleger zu verkaufen. Dies kann so sein; aber es kann auch ganz anders sein! Denn der Hörbefund zeigt, dass auch hier Haydn das Mögliche mit einem ihm Notwendigen verbindet. Denn natürlich könnte die Favorisierung der oberen Satzbegrenzung aus Gründen, die im Kompositionsakt liegen und die wir nicht kennen, der Grund gewesen sein, sie (auch und gerade) in Paris anzubieten, denn der französische Geschmack schien solche Kompositionen besonders vorzuziehen. Und selbst die Aufteilung in zweimal drei Quartette könnte eine Zusammengehörigkeit von je dreien sozusagen von Natur aus hervorkehren. Was hier Ursache und was Folge sei, das wäre also je selbst einsehbar zu machen.

Nimmt man sich die ersten drei Quartette vor, dann scheint eine Reihenfolge, die man aufgrund der nicht erhaltenen Autographe nicht mehr sicher rekonstruieren kann, gemäß der Zählung Hobokens einleuchtender, als jene, die das C-dur-Quartett (Op. 54/2) an den Anfang stellt. Am Beginn stünde dann das G-dur-Quartett (Op. **54/1**) mit seinem *andante*artigen ersten Satz, in welchem vor allem die erste Violine die Takte einem *Allegro con brio* gemäß füllt. Der Satz über einem durchgehenden Achtelgrund gibt sich relativ unverbindlich und kommt erst in der Durchführung in ein wie argumentierendes und fragendes Korrespondieren unter den Spielenden. Dem hier relativ definitiven Schließen folgt überraschenderweise ein *Allegretto* mit „unsicherer" u. d. h.

unregelmäßiger Phrasenbildung über durchgehenden Achteln. Solcher also nicht gerade langsame Satz (in C-dur) mit seinem ein (aufgeregtes?) Fragen, ja Selbstbefragen assoziierenden Melos enthält in sich überraschend modulierende Phasen, wie zu einer möglichen Einsicht oder Erkenntis durchstoßend. Die Konsequenz des III. Satzes als eine Art Widersprechen und Gegenargumentieren führt zu einem (auch für die Sinfonien typischen) *Presto*-Finale, das aber hier den Eindruck erweckt, als solle eine Problematik, trotz des gemahnenden Mollabschnitts in der Mitte, unterdrückt und nicht zur Kenntnis genommen werden, – was das Unisono am Schluss vor dem Verklingen nochmals bestätigt.

Die Konfrontation mit einer neuen Situation und Erkenntnis, in der Tonart C-dur des obigen zweiten Satzes, liefert dann das zweite Quartett (Op. **54/2**); es schließt sich sozusagen in einer spezifischen Weise an. Sein erster Satz mit dem zweimal unfertigen Themenversuch und dem dritten Anlauf im Gegenklang (→ As!) mit zurückmodulierender Vollendung und mit den folgenden in Exposition (aufwärts) und Reprise (abwärts) je unterschiedlichen Sequenzierungen, ist voller Symbolik für eine existenzielle Situation oder Tatsache, deren Feststellung die beiden Schlussakkorde hier bestätigen. Und nun beginnt ein *Adagio* (in C-moll) in akkordischem Fortschreiten unter einer Kantilene, die sich bald in ein Umspielen der eigentlichen Linie verliert, das wie aus einer Empfindung heraus als spontanes und wie improvisiertes sich gibt. Dazu artikulieren die Spielenden (im Nachsatz) ein eloquentes Klagen und Einreden, als ob eine eigentliche Problematik nun verdeutlicht werden sollte. Dass man den Schluss des Satzes kaum als solchen mitvollzieht, sondern eher wie mit der logischen Konsequenz des III. Satzes, einem *Menuetto* (*Allegretto*), zusammenbindet, dies ist hier wohl beabsichtigt. Dessen Moll-Trio im anhebenden Unisono ergeht sich schließlich in einem „Klagen"; doch hinterlassen Menuett und sein Dacapo den Eindruck gleich eines Zustimmens und Bejahens (im Sinne eines „Trotz allem…" [des Minore], „ja, ich will"), was der Schluss aus seiner Beruhigung heraus bekräftigt. Und dann beginnt eben kein *Presto*, sondern ein *Adagio*-Satz. Dieser gibt sich aber gleichwohl wie ein Sich-Aufmachen zu einer Art Anbetung und einem gleichsam „Singen" aus sich heraus. Nach einer Moll-Eintrübung und einem aufsteigenden Herausführen zu einem Dur-Halbschluss fügt Haydn einen *Presto*-Abschnitt ein, gleich dem für einen Finalsatz typischen Ausdruck eines positiven Ergebnisses („Freude"). Doch führt hier dieser Ausdruck um so konsequenter zurück zum *Adagio*, jene Vollendung der „Anbetung" nachholend und in ein Verklingen führend, die nach dem Halbschluss unterbrochen worden war.

Entsprechend knüpft nun das E-dur-Quartett (Op. 54/3) erst einmal wie „lyrisch" an diesen Schluss an, bevor auch hier das Ausfüllen der Takte durch die Erste Violine den *Allegro*-Einduck herstellt. Trotzdem bleibt als Basiseindruck der eines *Andante*-Satzes, gleich einem (nun) wie befreiten, ausgeglichenen Auftretens. Dem recht unvermittelten Aufhören schließt sich ein *Largo cantabile* (in A-dur) an[1], dessen zweistimmige Passagen sich wie ein Äußern aus einem Hochgefühl heraus geben, ja wie eine „Danksagung an". Zwar hört man durchaus auch andere Töne, vielleicht solche eines Zweifels, einer Schuld; doch geht der *Minore*-Teil schnell in den Dur-Bereich und in diesem in ein „Jubeln" der Ersten Violine über (das dann auch das Violoncello korrespondierend übernimmt). Und auch hier erscheint das *Allegretto* des *Menuettos* wie eine unmittelbare Reaktion. Seine Oktavierungen signalisieren Stabilität (in „Übereinstimmung"), die lombardischen Rhythmen den Ausdruck einer Genugtuung. Auch der Finalsatz fängt zwar „bewegt" und doch mit einer gewissen Bedächtigkeit an, wobei hier das terzweise Miteinander je zweier Instrumente eher eine Art liebvoller Übereinstimmung meint und das gleichsam „Überlegen" in der thematischen Arbeit der Durchführung ganz konsequent in die Reprise mündet. Mit zwei feststellenden Akkorden endet der Satz, das Quartett und (möglicherweise) die Trias der übergeordnet zusammengehörenden Quartette des Op. 54.

---

[1] Beachte: dieses A-dur ist die Tonart des folgenden Quartetts! Gibt es auch da einen Zusammenhang?

Dass es sich bei den folgenden drei Quartetten, Op. 55/1-3, ebenfalls um eine möglicherweise von einem Sujet-Rahmen zusammengehaltene Trias handeln könnte, dies legt die Mittelstellung des Quartetts in der Molltonart nahe. Entsprechende Konstellationen mit einer dann auch typisch abweichenden Satzfolge im Mittelzyklus sind auch bei den Sinfonien zu finden. Was aber auffällt, das ist schon ein fortschreitend Bizarres der Sätze, mit überraschenden Weisen der Themenbildung und -bearbeitung.

Auch hier beginnt die Trias mit einem relativ ausgeglichenen Zyklus (Op. **55/1**) in A-dur. Doch entwickelt sich dessen erster Satz überaus komplex aus einem den Dreiklang aufspaltenden Motiv, zusammen mit einer definitiven Kadenz, erweitert durch eine zusätzliche ergänzende Äußerung. Könnte man den Satz als eine Art „Lobgesang" ansehen? Doch, wie kann das sein, wenn wir den Satz als in einer Sonatenform entworfen finden? Die Themenfolge und die Rückführung in eine Reprise einerseits, unsere Vermutung anderseits, dass es bei diesen reifen Quartetten letztlich um die Ermächtigung der Spielenden und Mit-Spielenden ginge, sich mit dem Hören in eine von ihnen selbst vollzogene Handlung einzuleben, beträfe vor allem den typischen II. Satz als einen langsamen. Der erste aber meinte dessen Vorbereitung darin, sich in eine Situation oder in ein Thema („Lobsingen"?) einzuleben.

Im Bezug dazu sollte man sich Haydns Aussagen zu seinem Komponieren im Tageslauf genau ansehen. Und man sollte seine eigene künstlerisch-produktive(!) Erfahrung heranziehen. Diese besagt, dass ein schöpferischer Vorgang, selbstverständlich anlass- und absichtbezogen(!), von einer Materialsammlung (im Bewusstsein oder auf dem Papier) ausgeht, möglicherweise von einer Idee, dass aber die wesentlichen formalen „Eingebungen" im Laufe des Arbeitens entstehen, im Laufe des formenden Umgehens mit dem Material. Und dies entspräche ja Haydns Vorgehen, zum einen den Morgen (nach dem Frühstück, wie er sagt, aber sicher auch nach dem Morgengebet) für die sog. Materialsammlung incl. den im Material sich auftuenden Möglichkeiten zu nutzen, die dann die Ideen für ein prozeduales Vorgehen entstehen lassen; und zum andern den Nachmittag zu nutzen für die schließliche Ausarbeitung.

Gemäß dem, was wir über Haydn wissen, war der Komponist „ein tiefreligiöser Mensch" (Finscher 88 f.). Nach seiner Meinung sei Komposition nicht lehrbar, sondern „hänge blos von der natürlichen Anlage und von der Eingebung des inneren Genius ab". (Vgl. Finscher 90 f.) Solches Bekenntnis muss man nicht als „Inspirations-Ästhetik" herunterspielen, sondern dies kann auch das meinen, was einen die eigene schöpferische Erfahrung lehrt: dass die eigentlichen schöpferischen Ideen sich im Arbeiten einstellen, falls sozusagen der „innere Genius" solches überhaupt möglich macht. (Dass es auch ohne „geht", das zeigen Zig-Tausende von Kompositionen der Frühen Neuzeit, die aus der Kenntnis dessen, was man wie macht und einer reichen Materialerfahrung zusammengestellt erscheinen; aber auch unter diesen gibt es große Qualitätsunterschiede!)

Solche Einsicht entspricht durchaus Haydns Bericht von seiner Arbeitsweise: (1.) zu (s)einer Absicht(!) dienende Gedanken finden, (2.) diese notieren, (3.) erste Skizzen der Komposition (= Ideen, die sich aus dem Material ergeben) anfertigen und schließlich (4.) die Skizzen (als eigenem Akt) zur Partitur ausarbeiten. Es scheint auch nicht zufällig, dass das eine (zumindest im Alter?) vormittags sich ereignete und das letztere dann am Nachmittag in Angriff genommen wurde. Immerhin gibt es einige wenige Skizzen, die einen Einblick gewähren. Die umfassendste scheint die zum Finale der Es-dur-Sinfonie (99) zu sein. Über die Analyse der Skizze im Hinblick auf sein mögliches Vorgehen berichtet Finscher (S. 92), in welchem Haydn nicht nur die wesentlichen Einfälle, sondern diese in hierarchischer Abstufung inform fertiger Phrasen notiert habe. Dabei mag manches von Anfang an fertig, anderes erst in Arbeit formuliert worden sein. Erst in einem zweiten Arbeitsgang wurde das „Material" geordnet, wobei (in Übereinstimmung eben mit eigener produktiver Erfahrung!) der Austausch (i. Bez. zur Reihenfolge) ganzer Formteile möglich war, was durch Nummerierung verdeutlicht wurde. Erst dann erfolgte eine Ausarbeitung als Partitur. Dies entspricht der eigenen Erfahrung, dass etwa in einem Textentwurf Strophen- und Satzfolgen umgestellt werden, um in der Konsequenz (ihrer möglichen Intentionalität!) einer Idee besser zu entsprechen, die sich eben in der und durch die Arbeit mit dem Material erst entwickelt hatte.

Die Frage ist eben auch – und Haydn berichtet selbst, dass er sich, wenn die Eingebung ausblieb, ins Gebet flüchtete! –, ob sich dieser Prozess in Konkretion je von den anderen Verrichtungen des Tages trennen lässt und wie weit letztere gerade bei den Quartetten in das Komponieren hineinwirken. Wesentlich erscheint jedoch, dass Haydn sich frühmorgens mit einer „Absicht" an das Klavier setzte. Und eine solche muss sich von irgendwo herleiten. Wir vermuten: von einem ins Auge gefassten Sujet, aus dem heraus er Ideen und deren Umsetzung in das Procedere eines Satztypus entwarf.

Vielleicht – so sagten wir oben – können wir den I. Satz von Op. 55/1 als eine Art „Lobgesang" ansehen, mit einer sozusagen „jubelnden" Begleitung und Fortsetzung des eigentlichen Themas, das ja als es selbst in seiner Dreiklangaufspaltung ein durchaus quasi-liturgisches Motiv darstellt. Zu diesem wirkt der Schlusssatz wie eine Vervollständigung des Aussprechens, wie eine Art Apposition (i. S. v. „der du bist…"). Im II. Satz ändert sich der Charakter nicht; nur wird er nun persönlich: gleich einem wörtlichen „Singen" (Äußern). (Dabei ist keineswegs auf einen *bestimmten* Text zu schließen, wie das Singen in zeitgemäßen Arien demonstriert.) Der dritte Satz gibt sich durchaus menuetthaft, wie befreit und problemlos. Dessen Trio setzt sozusagen fort, ergänzt im Sinne eines Nebensatzes der näheren Bestimmung. Dem stehen die etwas die überraschenden und wie hervorsprudelnden Figuren des Finale-*Vivaces* zur Seite, die man als „befreit" oder als „in plötzlicher Einsicht" hören kann. Und zum Schluss kommen die Allen in einer Art Fuge überein, bevor eine Rückkehr zum Ausgang den Satz beschließt. Das ganze Quartett gibt sich noch schwereloser als das G-dur-Quartett in Op. 54.

Dem folgt nun mit dem ersten Satz des F-moll-Quartetts (Op. 55/2) einer der beiden längsten Sätze im ganzen Opus 54/55, nur vergleichbar dem *Largo* des E-dur-Quartetts. Dieser ist auch weder ein Sonatensatz noch ein typisches Anfangs-*Allegro*, sondern ein *Andante o più tosto allegretto*, formal eine Art Liedsatz. Überaus wehmütig beginnend und wie tröstend zur Dur-Dominante sich wendend, tritt er in die eher selbst-erfüllte Situation des A-dur-Quartetts ein, als ob nun ein existentiell ernstes Thema oder Ereignis aufträte. Ein B-Teil in F-dur führt dagegen überraschend mit der Variante der thematischen Kontur eine freundliche und tröstliche Gegenposition ein. Solche Gegenüberstellung wird nun in einer Art Doppelvariation verdeutlicht, erst inform eines Umspielens, dann (im zweiten Variationsgang) im Umspielen der Basslinie, auf die der B-Teil die Viola mit der ersten Violine über einer bewegten Begleitung thematisch jubilieren lässt, bevor der Satz in einer Coda ausklingt.

Das nun erst folgende *Allegro* beginnt mit einem doppelten Ansetzen der Themenformulierung höchst schmerzlich, wie verzweifelt (und vorübergehend nach As modulierend); erst ein drittes Ansetzen in neuer Tonart (F-Dur) verwandelt die Situation, als sei die Verzweiflung abgelegt, vorläufig überwunden. Nach einem nochmaligen Aufnehmen der Dur-Variante und einem eilfertigen Schlussgedanken in punktierten Rhythmen als Übergang zur Wiederholung bzw. zur Durchführung erfolgt auch in letzterer ein nochmaliges Aufnehmen der Durvariante; dieses bricht in einer (takt-?)langen Pause ab. Und in neuer Tonart verbindet sich das Thema mit seiner Verlängerung in absteigender Sequenzierung. Diese bildet nun die Grundlage eines Fugatos, das schließlich in den Doppelpunkt einer Orgelpunkt-Partie aufläuft. Die Wiederaufnahme der Thematik, von vornherein in Dur (Reprise), zusammen mit dem Schlussspiel in den punktierten Rhythmen, lässt den Satz schließlich verklingen.

Es erscheint (mir) gleichsam unmöglich, dass einem solchen Satz (und seinem vorausgehenden) kein handlungsgespeistes Sujet zugrunde liegen sollte. Diese Fuge, sie erscheint wie eine Art Selbstbezichtigung, so etwas wie ein „mea culpa", wie Reue und Buße und dadurch Erleichterung, die sich in der Modalität und Verkürzung der Reprise bemerkbar macht. Zusammen mit dem I. Satz bildet er durchaus eine Folge, die sich als Statthalter einer inneren religiösen Handlung identifizieren lässt: solche als plötzliche Einsicht in die eigene Unzulänglichkeit und als „Errettung" durch bestimmte Glaubensinhalte können und mögen typische Ereignisse in einem bestimmten Alter jenseits der Lebensmitte sein. Entsprechend erscheint der III. Satz, wieder in F-dur, mit seiner Motivik entspr. einem persönlichen Bekennen, das durch das Trio nochmals in eine diesbezügliche Prozesshaftigkeit eingegliedert wird. Auch der IV. Satz nimmt solchen Prozess als motivischen und harmonischen Vorgang auf: als Vergegenwärtigung der „Befreiung von", im Durchführungsabschnitt durchaus noch argumentierend und durch die Reprise gleichsam alles überwindend.

Das die Trias abschließende B-dur-Quartett (Op. 55/3) beginnt (und ist selbst) rätselhaft. Sein erster Satz scheint „thematisch" grundsätzliche „Fragen" zu stellen und auch vorläufige „Antworten" vorzuschlagen. Aus dem Korrespondieren entwickeln die Spielenden einen Gedankengang, in den gleichsam weitere Argumente (wie ein „Rätseln") einfließen, einschließlich von Nebengedanken in Violoncello und Violine. Dieser Gedankengang schließt sich im Schlussgedanken der Exposition erst einmal wie endgültig u. d. h. einerseits wie ein typisches Satzende und anderseits wie eine Art höheren Gebots ab. Die Durchführung stellt sozusagen die „Fragen" neu und „anders"; verbinden sich damit auch neue „Antworten"? Immerhin führt eine Art „neues Sehen" zur harmonischen Einbindung der „Fragen" (statt ihres Unisonos) in das Spielen aller. Ist das ein Akt des Akzeptierens und Verstehens?

Der zweite Satz in Es, ein *Adagio ma non troppo*, gibt sich wie eine Verkündigung einer wesentlichen Botschaft oder Einsicht. Von den beiden Variationen des Liedsatzes ergänzt und „erklärt" die erste mit ihrem Hineinspielen in die Phrasenenden und ihrem Umspielen das „Zu-Verkündende", während die zweite mit ihrem imitierenden Beginn dieses noch einmal gleichsam verdichtend aufbaut. Entsprechend erscheint der III. Satz wie ein Aufbruch, in dessen „Überlegung" sich durchaus „Zweifel" und

Trauer (→ Chromatik) mischen. Ist dies eventuell ein „Abschied",
gepaart mit der Frage eines zurückblickender. „Was sollen wir
nun?"? Wenn, dann gibt das Trio eine die Situation bejahende
Antwort und das Dacapo beschwört sie nochmals. Und dann
setzt das Finale-*Presto* ein, in der Durchführung wie ein aufgeregtes Zusammenlaufen, z. T. wie aufgescheucht in resp. aus unter-
schiedliche(n) Richtungen.

Sicher werden das C-dur-Quartett ebenso die das F-moll-Quartett
in der Regel als die „interessantesten" herausgestellt, doch erscheint ihr Spielen und vor allem Mit-Spielen jeweils erst im
Rahmen der je drei Quartette wirklich mit einem Sinn voll erfüll-
bar. Die Sujet-Bezogenheit wird sozusagen in beiden Quartetten
(als die jeweils mittleren!) bestätigt. In ihrer Anlage waltet nicht
einfach der sog. „musikalische Einfall" oder kompositorische
Willkür. Hier ist wohl ein eigengesetzlicher Vorgang gemeint, im
C-dur-Quartett der, gewissermaßen in Fortsetzung und Reaktion
auf das vorausgehende Quartett, auf sein Schluss-*Adagio* als ein
(nicht in allem endgültiges) „Ergebnis" zuzusteuern, zwar eine
Art „Freude" einzuschieben, im Wesentlichen aber im *Adagio* und
seiner Bedeutung zu bleiben, charakterisiert auch von den durchgehenden Achteln. Der eingesetzte *Presto*-Abschnitt erscheint wie
ein Bemerken der eigenen Selbsterfüllung. Und das F-moll-
Quartett „verwandelt die Sonatensatzform in einen zielgerichteten Prozess, indem die quasi zur Fuge verdichtete Durchführung
zu einer Reprise führt, die nur noch das Thema, aber in F-Dur
statt f-moll bringt; Menuett und Trio sind […] zu einem extremen
affektiven und satztechnischen Dur/Moll-Kontrast zugespitzt,
und das Finale scheint […] alles andere als entspannt, vielmehr
eine bewegungsmäßige und kontrapunktische tour de force voller
Unrast" zu bilden.[2] Die Sätze „illustrieren" (auch durch ihre Stellung erst einmal in einer „Konsequenz" der Sätze) die Fähigkeit
des Subjekts, die Verfügung über sich „als...", an sich selbst
wahrzunehmen. Hören erscheint hier in eine bereits vorauszuse-

---

[2] Finscher, S. 415 f.

hende echte Selbstreflexivität zu weisen. Und da stellt sich die Frage nach der besonderen Rolle der Ersten Violine. Ist sie nicht ein Ausweis einer besonderen Subjekhaftigkeit (eines „Ich"s) des Spielens und Hörens? Ist die quasi-religiöse Andacht letztlich von der des Autors selbst hergeholt, von einer eigenen Religiosität bzw. Erfahrung? (So gesehen wäre die vermeintliche Orientierung an einem französischen Geschmack erst die Folge eines den Rahmen der Quartette hier bildenden Sujets, die zu einer Bevorzugung der oberen Satzbegrenzung führte.)

VIII. Eine Wendung zur vergleichsweise öffentlichen Andacht?
Die Streichquartette Op. 64 (1790)

Wenn nach Op. 33 in relativ kurzen Abständen Quartettzyklen
entstanden sind, dann stellt sich die Frage, ob es nicht einen besonderen (u. d. h. persönlichen) Grund gegeben hat, solche zu
entwerfen. Dass Haydn diese dann verwertete, indem er sie anderen für ihre Situationen vorschlug und per Druck vorlegte, das
wäre eigentlich verständlich. Die Aussage, dass Haydn Quartette
„für den Markt" geschrieben habe, trifft vielleicht am ehesten für
Op. 64 zu; doch auch dies nur indirekt. Denn auch da mag ein
persönlicher Grund die wesentlichere Rolle gespielt haben: diese
Quartette (für sich!) mit nach England zu nehmen. Und obwohl
drei von ihnen auch in öffentlichen Konzerten gespielt wurden,
waren auch sie wohl eher für einen intimen Rahmen bestimmt.

Sie sind zwar im Wiener Erstdruck dem Geiger und späteren
Kaufmann Tost gewidmet[1], aber nicht von Haydn! Die Tonarten-
folge: C – h – B – G – Es – D entspricht sowohl einem Motiv(!) als
auch der (nach Finscher) des Op. 33. Finscher sieht Beziehungen
zum alten Zyklus in mancher Thematik und solche zu Mozarts
Quartetten. „Einfachheit und Subtilität" prägten gem. ihm den
Zyklus; die Großformen seien einfach und die Verarbeitung der
Themen subtil (417).

Es gibt in allen Quartett-Opera Haydns einzelne Quartette, die
man besser als die anderen kennt, weil man sie im Laufe seines
Lebens immer wieder einmal gehört hat. Vielleicht ist es deshalb
geboten, aus prinzipiellen Erwägungen hier mit dem fünften
Zyklus des Opus, dem Op. **64/5**, zu beginnen, dem auch unter
dem Beinamen „Lerchenquartett" bekannten in D-dur.[2] Der erste

---

[1] …im Wiener Erstdruck, während Haydn in London weilte! Ob der
Geiger Tost mit dem späteren Geschäftsmann Tost identisch ist, das gilt
als ungeklärt.

[2] In der Reihung der Quartette herrscht einige Verwirrung. Nach Haydns
eigener Nummerierung der Autographen trägt das D-dur-Quartett wohl
die Nummer 6. Hoboken setzt es gemäß dem Londoner Erstdruck an die
erste Stelle (III:63). Die Tradition aber setzt es gemäß der Opuszahl an die
vorletzte Stelle. Die drei unterschiedlichen Reihungen macht die folgende

Satz, ein (vielleicht der Stellung in der Mitte einer möglichen Trias gemäßer?!) *Moderato*-Satz, beginnt mit einem Terzengang, der in Hornquinten mündet und gleich einer Art Thema abkadenziert. Seine Wiederaufnahme aber wird von einer Kantilene der Ersten Violine überbaut (die dem Quartett den Namen „Lerchenquartett" eingebracht hat), aus der sich das eigentliche Thema vollendet. Einer Modulation folgt eine Art zweites Thema und ein Schlussspiel.

Vielleicht können wir schon diese Exposition als Beispiel für das Entwickeln einer „Konsequenz" in Haydns späteren Quartetten ansehen: aus einer ersten „Geste" bzw. „So-in-der-Welt-Sein" oder „Sehen", fröhlich, aber „angespannt"(? → Gang in Achteln mit Achtelpausen dazwischen), in der Natur (→ Hornquinten), dann ein „Bemerken" (→ Kantilene) als erster Handlungsakt, wie eine eigene Emanation (nicht „Lerche"!). Das Vervollständigen eines menschlichen Beeindruckt-Werdens als ein musikalisches Vervollständigen erscheint wie ein Akt des entstehenden Selbstbewusstseins. Dieser Akt gebiert ein Sehen, Um-sich-Blicken. Und daraus entsteht ein Hochgefühl (→ Modulation) mit einer Reaktion vielleicht sogar körperlicher Art (→ Schlussspiel) als ein Bewegtsein. Wohlgemerkt: das, was musikalisch vor sich geht, „bedeutet" nicht das Angesprochene; sondern indem wir mit-spielen, vollziehen wir ein Als-ob einer Handlung in uns, die wir als eine eigene Ausdrücklichkeit durchleben (können, dürfen…). Dem folgt eine Durchführung als ein „Bedenken"(?); der Eindruck wird dramatisch aufgefasst, und nach einer (für die Streichquartette ab Op. 33 nicht untypischen!) Scheinreprise – als ob das eigene Auffassen sich in eine Auflösung oder Überhöhung veränderte, sogar noch einmal verdichtete – tritt die Reprise ein; diese vielleicht mit Bedacht ohne die Vortakte und gleich in die Modulation und das Schlussspiel übergehend und von da in ein Verklingen. Vielleicht meint die Durchführung die Konfrontation

---

Aufstellung deutlich: Op. 64/1 (Hob. III:65), C-dur – 64/2 (III:68), H-moll – 64/3 (III:67), B-dur – 64/4 (III:66), G-dur – 64/6 (III:64), Es-dur – 64/5 (III:63), D-dur. Diese orientieren sich am Manuskript und den Nummern des Wiener Erstdrucks.

des „Eindrucks" oder „Erlebens", das eben thematisch skizziert
wurde, mit dem Ich des Erlebenden, auch mit den Fährnissen des
sonstigen Lebens, in welchem „ich" den „reinen" Eindruck zu
bewahren(?) versuche (→ Scheinreprise), was aber durch die
Fährnisse „gestört" erscheint? So bleibt nur die Erinnerung (→
Reprise), die den ursprünglichen Eindruck auf ein Wesentliches
zusammenschrumpfen lässt und abklingt, musikalisch: verklingt.

Und mit dem *Adagio cantabile* tritt nun eine Art „Großer Gesang" hinzu, vielleicht eine Art wirklich persönliches Äußern
inform eines Singens. Wir wissen nicht, ob dies ein „Ich singe"
ermöglichen soll oder eine Art „Botschaft" von außen meint, eine
Äußerung von etwas vielleicht religiös Bedeutsamen. Dem Zweck
des Einlebens in eine Art „Trost" tritt mit dem Mittelteil jenes
Fragen zur Seite, das die tröstliche Gewissheit argumentativ aufbaut. Der colorierte A'-Teil bestätigt das zuerst Geäußerte in einer
Form, die dem Äußern quasi zusätzliche Verdeutlichungen hinzufügt. Das Menuetto meint auch hier eine Art Folgerung-Ziehen
des Subjekts resp. der Subjekte, die dieses als Lebensäußerung
ergreifen, einschließlich einiger Unsicherheiten, durch die sie
gehen. Ihm fügt das Trio im imitierenden Aufschichten einen
hilfreichen Nebengedanken hinzu. Im Dacapo signalisiert das
seltsame motivische Nachschlagen im eigentlichen Aufhören,
dass die Konsequenz im Bewusstsein gleichsam Besitz ergriffen
habe. Mit entsprechend geschäftiger Lebendigkeit und wie befreit
folgt das Finale: als ob die Subjekte durch alle Fährnisse gegangen
seien und nun dem Schöpfer Dank abstatten (→ Fuge) und in
großer Aufgeregtheit ihre Erkenntnis als eine Selbsterkenntnis
feierten.

Die Frage stellt sich, ob hier nicht endgültig der Wechsel von
der religiös motivierten Andacht zu einer entsprechenden Selbstreflexion stattgefunden habe. Das „Ich" verwirklicht sich nicht
mehr in der Beziehung zu einer Göttlichkeit, sondern in einer
Selbstreflexion.[3] Dies ist sicher ein Moment des Alters. Im Selbst-

---

[3] Es ist, als ob Haydn nun mit seinem „Über sich Verfügen als…" in einer
Art neuer Freiheit umginge…

bedenken als ein Sich-selbst-Denken stellt die Beziehung zur Göttlichkeit nur noch ein Moment unter vielen Beziehungen dar; jene zum Schöpfer thematisiert sich vor allem in kontrapunktischen Partien, wie hier im letzten Satz.

Von dem, was das Spielen und von da das Mit-Spielen eigentlich bewirken „will", nehmen die meisten Menschen nur eine Oberfläche wahr, zumal bei einem Nur-einmal-Hören. Dies scheint mir ein wesentlicher Aspekt: um das (von Haydn) musikalisch Gedachte wirklich in einen eigenen Lebensvollzug sich anzueignen, ist das wiederholte Mit-Spielen ebenso notwendig, wie das wiederholte Spielen! Die Erfahrung mit diesem Quartett ist, dass dieses eine wesentlich größere Assoziationskraft im Hörenden entfaltet, wenn und weil dieser es kennt, weil er weiß, was kommt: er kann die musikalische Gestik und Intentionalität des musikalischen Entwickelns als eine eigene benützen, als Selbstausdruck seines inneren Handelns (als ein gleichsam gewohntes). Dies ist bei einem ersten Hören vollkommen unmöglich, es sei denn, er wird durch einen gesprochenen Text vorher zum Mit-Spielen hin „geöffnet" (→ Op. 51). Die Entwicklung zu einem immer persönlicheren musikalischen Tätigsein in der Frühen Neuzeit setzt die eigene Aneignung als Lernprozess auch des Hörers voraus, wie er ja auch mehr und mehr vom Spielenden (auf der technischen Ebene über sie hinaus) gefordert ist.[4]

Von da können wir möglicherweise die beiden umgebenden Quartette des Op. 64/5 diesem gewissermaßen zuordnen. Entsprechend – falls wir das D-dur-Quartett als Mitte oder tatsächlich als Schluss einer Trias vermuten dürfen – beginnt das folgende Es-dur-Quartett (Op. **64/6**) dem Tonartencharakter nach tatsächlich als eine bewusste Wendung zur Göttlichkeit. Sein I. Satz, ein *Allegro*, das sich fast wie ein *Andante* gibt, besitzt einen thematischen Kern, der einem „*Kyrie*" (also einer Bitte um göttliches Erbarmen) nahesteht. Solcher Charakter wird nicht nur in der

---

[4] Dass dies auch für die Oper gilt, das beweist, dass selbst im relativ hermetischen Umfeld von Eszterháza Opern mehr als ein Dutzend Mal wiederholt werden konnten.

Durchführung deutlich, sondern auch in der Reprise kontrapunktisch herausgestellt.

Wir könnten fragen, ob die weitere Satzfolge nicht eine Art Selbstumgang meint. Das tatsächliche *Andante*, im 3/4-Takt und in B-dur, erscheint es nicht wie ein Gewisswerden seiner religiösen Orientierung, das der Minore-Abschnitt mit seiner bestimmenden Thematik nochmals als sich aufhellenden Prozess ermöglicht? Und schließlich die Konsequenz eines wesentlichen Äußerns als *Menuetto*, die man selbst ergreift und die über eine Leichtigkeit des „Tänzchens" im Trio bestätigt erscheint... Danach folgt ein Kehraus des *Presto* mit deutlich kontrapunktischen Phasen und einem fugenartigen Auflaufen in der Durchführung, nach welchem die Reprise erst über ein Zögern und gleichsam Befragen zum definitiven Schluss findet.

Das Quartett in G-dur (Op. **64/4**) davor? Dieses beginnt mit einem *Allegro con brio* eher unternehmungsbereit, aus der Korrespondenz mit Echophasen die Fortspinnung entwickelnd und solchem Beginn einen Moll-Gegensatz gegenüberstellend, bevor ein Schlusssatz gleichsam vermittelt. Während die Durchführung gleich mit der Arbeit am thematischen Hauptsatz beginnt, verwandelt die Reprise das zweite Anspielen des Hauptsatzes in eine andere Tonart, verändert die Fortspinnung und läuft auf, um in einem erneuten Themenanspielen stecken zu bleiben, in das Schlussspiel einzubiegen und letztlich zu verklingen.

Vielleicht entspricht es wieder der Stellung als ein erstes Quartett einer (sujetmäßig verbundenen) Trias, dass nun erst einmal das *Menuetto* folgt, ein Satz eher niedlich, einerseits doch wie eine Behauptung am Themenbeginn, anderseits wie eine Art Reigen. Den Charakter vielleicht einer angedeuteten Begegnung verstärkt die *pizzicato*-begleitete Solovioline des Trios. Dem tritt nun der „große Eindruck", die „große, wesentliche Anschauung" des *Adagio cantabile e sostenuto* zur Seite, ein hymnischer Liedsatz, der in seinen Abschnittswiederholungen Verdeutlichungen hinzuzufügen sich bemüht, die der B-Teil gleichsam vor Augen stellt und verlängert. Eine Moll-Variante der beiden Violinen über der Viola versucht in ihrem großartigen harmonischen Gang den Ernst herauszuheben. Eine Rückkehr zum Beginn greift nochmals in Umspielungen die besondere Bedeutsamkeit und Feierlichkeit auf. Dem konfrontiert sich das wie hastige Einfallen des *Prestofinales*, das zu einer Gedankenfolge führt, zu einer Art zweitem Thema und zu einem schließlichen Abebben. Nach der Durchführung – diese wie mit verschiedenen Versuchen, in unterschiedliche Richtung fortzukommen – erfolgt der Rückgriff auf die Reprise mit schließlich doch auch hier einem Verklingen.

Somit stellt sich die Frage nach den ersten drei Quartetten dieses Opus'. Mit dem Mollquartett in der Mitte und der Satzumstellung (auch hier) im ersten Quartett, dem in C-dur, eröffnen sich einige Hinweise. Der *Moderato*-Beginn entspricht eigentlich einem erprobten Schema mit eben einem solchen ersten Satz und dem Menuett an zweiter Stelle. Doch ist hier der sog. langsame Satz an dritter Stelle ein eher mittelschneller. Die Umstellung der Sätze könnte darauf hinweisen, dass mit dem Quartett (erst) eine Art einleitende Funktion (für alle sechs Quartette!) verbunden sei, sozusagen noch vor einem wirklichen handlungsmäßigen Geschehen. Solche Funktion zielte aber zuerst einmal auf das folgende H-moll-Quartett.

Doch zuerst zum C-dur-Quartett (Op. **64/1**)! Als generell einleitend beginnt sein I. Satz mit einem wie „hinausziehenden" Aufstieg, der im „Trug" landet und in einer absteigenden „Beantwortung" vollendet erscheint. Im folgenden Vorgehen gleicht die Exposition in etwa der des D-dur-Quartetts, ein „Thema" zur Diskussion zu stellen. Doch „wandert" das Spielen in der Durchführung hier durch die Tonarten, nachdem bereits eine Modulation in einer Art zweitem Thema in der Exposition auffiel. Und es wandert wie auf der Suche und in einem durch Echophasen markierten wie leeren Raum. Dem trägt die Reprise möglicherweise Rechnung, indem sie nach einem plötzlichen Übergang in eine neue Tonart wie in eine Einsicht und in kontrapunktische Arbeit und danach in eine Art Fuge aus dem Themenbeginn gerät, wonach eine Coda zu einem hier definitiven Schluss führt.

Ist dies erst einmal eine Art zentrale Themenstellung, die im Zyklus zumindest der ersten drei Quartette expliziert wird: dass das Bemühen des Menschen, seine Suche, in die „Leere" führt ohne die Einsicht in die Gegenwart des Schöpfers und ohne sein Lob? Eine Paraphrase zum sich bemühenden, zum suchenden Menschen – vielleicht etwas zu konkret formuliert? Die thematische Struktur aber des Menuetts beginnt mit einem fundamentalen Aufstreben (im Violoncello), aus dessen Wiederholen sich Erlebnisvolles ergibt. Geht es auch hier um das Streben des Menschen, dem das Trio mit seinem Moll-Beginn und seinem Münden in eine Dur-Coda einen besonderen Weg vorschlägt bzw. Gefahren aufzeigt? Und: was signalisiert der „langsame" Satz, der hier kein langsamer ist? Dies alles muss einen besonderen Grund haben. Als Liedsatz gleicht er einem metrisch gebundenen Text oder einem „Tanz". Aber die Gestik des Themas ist „Ausdrücklichkeit", vielleicht „Zuwendung", Erfüllung in der (menschlichen) Liebe, die aber dem Schluss nach ungewiss bleibt. Der IV. Satz schließlich, gemahnt er an ein Versichern? Und die Fuge, nach einer Pause in neuer Tonart ansetzend, gibt sie sich hier eher vorwurfsvoll? Dass die Durchführung im Schlusssatz eine Fuge darstellt, können wir vielleicht als ein Bemühen ansehen, im Gebet Erfolg zu finden, der sich mit der Reprise einstellt.

Solches Annähern an einen möglichen inhaltlichen Mitvollzug könnte hier auf eine Art Selbstbiographie weisen. Haydn, die 55 lange überschritten, schaut auf sich selbst, bilanziert wesentliche Bedingungen u. d. h. denkwürdige Momente (s)eines Lebens. Der „Suche" des ersten Quartetts folgt mit dem H-moll-Quartett (Op. **64/2**) das Moment des künstlerischen Arbeitens, mit einem *Allegro spiritoso* als Eingangssatz und dem Beginn per Solovioline, der sich beim nochmaligen Anspielen des Themenkopfes eine zweite hinzugesellt. Doch aller Anfang ist schwer und verlangt Geduld; er mündet u. U. in eine Art Zweifel. Die Durchführung lässt uns das gestalterische Bemühen mitvollziehen, das oft genug in Sackgassen führt, in ein Innehalten. Gibt es hier eine wirkliche Reprise? Sie ist jedenfalls kaum wahrnehmbar. Doch das Thema der Erwartung an sich (selbst) ist wohl definitiv angeschlagen.

Und nun folgt mit dem *Adagio ma non troppo* ein wunderbarer Variationensatz in H-dur, der hier wie ein „Entdecken einer wunderbaren Einsicht" steht. Dass hier der Eindruck einer „Verkündigung" hervorgerufen wird, das ist wohl kein Zufall. Denn die große Kantilene, eine übernommene Melodie?[5], über den schreitenden Unterstimmen hat durchaus liturgischen Charakter. Doch tritt im Laufe des Satzes immer mehr die ausgebaute Begleitfigur in den Vordergrund. Sie, ein aufstrebender und darin insistierender Gestus, gleicht einem intensiven Aufblicken. Sie formt den eigentlichen Gang, vor allem in den drei Variationen, in denen sie alle Dimensionen durchdringt. Für diesen Gang scheint das Adagio-Thema eher als Hülle des Voranschreitens zu dienen. Der Satz lässt sich durchaus wie die Begegnung mit einer lebensentscheidenden Einsicht mitvollziehen, der das *Menuetto* gleichsam als ein schrittweises Sich-Bewusstmachen dessen folgt, was man eben durchschritten hat, incl. einer positiven Lehre daraus, die die Spielenden bzw. Mit-Spielenden im Dur-Trio formulieren. Dem folgt das *Presto* wie ein Sich-Aufmachen. Die komplexe Themenformulierung weist auf ein wiederholtes Versuchen, das die Durchführung verstärkt thematisiert, nicht ohne wie ausrufende, suchende und fragende Momente. Der Wechsel der Tonart öffnet den Gang zur Reprise, in der das Hauptthema schließlich (beim zweiten Anspielen) in der Durvariante erscheint. In dieser Sphäre verklingt, ja entschwebt das Spielen sozusagen.

Eine neue Situation reißt das B-dur-Quartett (Op. **64/3**) an. Es ist auch das weitaus längste des Opus. Sein *Vivace assai* beginnt mit einem dreiteiligen Thema, das dem Beginn eines Schlusssatzes nicht unähnlich scheint, also gewissermaßen eine Art „Fazit" (der Trias) eröffnet. Und tatsächlich kommt der Satz sozusagen „in Fahrt", wie eine Art Jagd oder ein Gejagt-Werden, in Korrespondenzen auch das Thema aufnehmend. Im komplexen Vorangehen kann man sich das nun mühevolle Durchlaufen von Phasen des „Schaffens" vorstellen, das in der Durchführung dramati-

---

[5] Vgl. Feder, S. 86.

siert erscheint. Auch hier verklingt der Satz, wie eine vorüberge-
hende Erfahrung, die als solche kein definitives Ende haben kann.

Das folgende *Adagio*, der längste Satz im Opus, gibt sich wie
das Durchleben einer Erscheinung, gleichzeitig wie eine feierliche
Danksagung an den Schöpfer. Die Violin-Kantilene über harmonischem Fortschreiten der Anderen, in eine Korrespondenz mündend, gleicht einem Singen. Der durchführungsartige B-Teil, zum
überwiegenden Teil in Moll sich aufhaltend, thematisiert gleichsam den Grund der Danksagung, um dann wieder auf den A'-
Abschnitt zurückzukommen. Die von der Solovioline ausge-
schmückte und z. T. in wie liebevoller Verehrung (der Triolen)
gefasste innere Bewegung mündet in wie verwandelnde Modulationen und schließt sich gleich einem ins Akustische übertragenen
Bild ab. Und wie mit Mut sich bestätigend, beginnt das *Menuetto*
mit den seltsamen Figur-Wiederholungen (Hornquinten). Das
Trio mit seinem Melos größtenteils in Terzengängen mündet in
eine Bordunpassage. Im Satz schwingt Bestätigung mit, Selbstbestätigung, aber wohl eher eine solche von außen; dies mag die
Figurwiederholungen (als Formeln des Lobes) bezeichnen. Und
vielleicht weist das Trio mit seinen Terzengängen auf einen Erfolg
im privaten Leben? Der IV. Satz erscheint eher als ein „Trotz-
allem zurück in die Mühle des täglichen Lebens", auch mit seinen
wunderbaren Momenten (zweites Thema), die das Leben erträg-
lich machen. An diese knüpft die Durchführung an, auch an die
wunderbaren Momente, abgelöst von den Mühen (der Reprise).
Dort aber bleibt das glückliche Ende aus? Der Satz verklingt eher
in dieser „Mühe", findet darin aber durchaus einen positiven und
definitiven Schluss.

Auch die ersten drei Quartette lassen sich aus einer Art Selbstre-
flex (des Menschen an sich) hören. Dabei meinen die einzelnen
Quartette nicht autobiographische Stationen, sondern eher Momente des Lebens, die als solche auch Stationen einer Entwicklung spiegeln und durchaus an der Erfahrung mit sich selbst
orientiert sein können. Sein Wissen vom (richtigen resp. religiösen) Handeln des Menschen leitet Haydn in den Streichquartetten

zwischen Op. 50 und Op. 64 nicht mehr von Figuren des Theaters oder der Religion direkt ab, sondern – als nun fortgeschritten Erwachsener – aus seinem eigenen Leben, auf das er altersgemäß nun im Akt der Selbstreflexion zu(rück)greifen kann.[6] Darin bilden die letzten sechs Quartette wohl eine Einheit. Unserem Eindruck nach sind auch diese eine Frucht des besonderen Entwerfens, dem wir die Gestaltung einer intimen, privaten Situation als Ziel und ein letztlich religiöses Bewusstsein als Grundlage unterstellt haben. Haydn hat sie aus sich und für sich entworfen, sicher um sie nach London mitzunehmen, aber möglicherweise im Bewusstsein, *dass sie ihn im Besonderen als den ausweisen, der er „ist".* Doch, wie die ersten bei Bland erschienenen Druckausgaben in London vermuten lassen, wurden zumindest drei der Quartette auch im öffentlichen Konzert gespielt. Vielleicht machte hier Haydn die Erfahrung des Streichquartetts als Teil des öffentlichen Konzerts, die sich möglicherweise im Op. 71/74 niederschlug.

---

[6] Es wäre durchaus denkbar, dass die von der zeitgemäßen Rezeption kritisierte Bevorzugung der I. Violine etwas mit der zunehmenden Personalisierung zu tun hat, mit der o. a. „Rollen"-Verteilung im Ensemble als hier (→ Violine I) quasi lautliches und dort (→ Violoncello) gleichsam körperliches Äußern.

IX. Komponieren aus dem Selbstreflex. Die Streichquartette Op. 71/74

Doch bleibt wohl auch dort die intime private Situation das Ziel! Die sechs Streichquartette, die unter den Opuszahlen 71 und 74 je im Dreierpack erschienen, vermitteln dem Hörenden (im Vergleich zu Op. 64 etwa) einen neuen Eindruck. Finscher meint an ihnen „symphonische Züge" feststellen zu können. Mit Op. 64 gemeinsam ist ihnen die herausragende Rolle der Ersten Violine. Unterschieden scheinen sie mir aber vor allem durch eine aufwendigere thematische und kreative Arbeit, die sich in einem – wie wir das nannten – Prolongieren der thematischen Ideen niederschlägt. Wir können so etwas vielleicht substanzielle Fortspinnung nennen, denn das Fortsetzen verklammert den Ausgangsgedanken mit neuen gedanklichen Weiterführungen, was eine stellenweise Fortspinnung mittels figürlichem Laufwerk nicht ausschließen muss. Solche Verklammerung geschieht als „Einfall", der die vermeintliche „Beantwortung" in einem Gedankenkomplex zur „Frage", also zum Beginn eines neuen gedanklichen Fortfahrens uminterpretiert. Als Beispiel könnte hier das *Adagio cantabile* des D-dur-Quartetts (Op. 71/2) dienen, wo die Prolongation mit einem Umkippen in Modulationen incl. einem Zurückkommen verbunden ist und so dem Ausgangsgedanken Dimensionen des Wechsels der Empfindung oder der Entwicklung (gleich einem menschlichen Denken) oder eben der Ausweitung hinzufügt.

Einerseits ist es wohl keine Frage, dass auch diese Streichquartette letztlich altersgemäß ein Ausweis dessen sind, wer Haydn vor sich selber ist, und dabei Entwürfe für ein eher intimes, privates Spielen darstellen. Da er sie wahrscheinlich in Wien entwarf und 1793 mit nach London nahm (wo einige von ihnen in öffentlichen Konzerten gespielt wurden), können wir sie als Ausweis für eine Art Selbstdarstellung ansehen. Gleichzeitig hat er sie dem Grafen Apponyi gewidmet (und sie diesem zur alleinigen Nutzung für ein Jahr überlassen). Da der Graf als einer der Paten bei

Haydns Aufnahme in den Freimaurerorden fungierte, ist auch hier aus der Beziehung eine Art persönlicher Ausweis denkbar.

Anderseits fällt an ihnen der andere und z. T. eifrige Charakter auf, der freiere Umgang mit dem thematischen Material auf der Basis eines freieren Umgangs mit der Harmonik. Auch die Ensembletechnik scheint mir nicht mehr dieselbe. Taucht Haydn hier bewusst in eine andere Privatheit ein, in die der Runde der Intellektuellen, derjenigen, die in der Loge vereint sind? Wir könnten dies als einen Übergang zum Streichquartett als Spielen für eine und in einer Öffentlichkeit ansehen, wenn wir gemäß Lessing die Bildung der Logen als eine [funktionale] Parallele zur Entwicklung der bürgerlichen Gesellschaft sehen: Die Logenbrüder als die Elite und Auswahl der bürgerlichen Öffentlichkeit. Dies wäre gewissermaßen ein Anknüpfungspunkt für die Sinfonie einerseits und das Streichquartett anderseits, die Haydn in seinem ersten Londonaufenthalt deutlich geworden sein könnte. Da verlagert sich für den Komponisten aus der österreichischen Provinz die Inhaltlichkeit seiner Streichquartett-Entwürfe in eine freiere Sphäre, die des Religiösen (der sich alle Menschen zugehörig fühlen können) deshalb nicht entraten muss.

Es scheint mir durchaus möglich, die Quartette Op. 71/74 unter einem zusammenbindenden Sujetrahmen zu hören, der in einer nicht exakt zu bestimmenden Weise mit dem/seinem Freimaurertum verbunden ist. Darauf weisen möglicherweise auch die besonderen Einleitungen der sechs Quartette, die jedem Quartett etwas voranstellen. Wir können diese Einleitungen – nur in Op. 71/2 sind die Vortakte als ein *Adagio* extra bezeichnet – als symbolisch ansehen; sie könnten den „Eingeweihten" auf etwas hinweisen, was wir heute nicht mehr entschlüsseln können. Dabei muss man sich vergegenwärtigen, dass die Freimaurerei (vor allem damals) als Funktion der Entstehung der bürgerlichen Gesellschaft und nicht als obskurer Geheimkult aufzufassen ist, als Versammlung derer, die sich für das Wohl aller verantwortlich fühlten und die (notwendig eben unter Ausschluss einer breiten Öffentlichkeit) über Möglichkeiten nachdenken wollten, die Voraussetzungen des Einzelnen für ein verbessertes Funktionieren von Staat und Gesellschaft zu heben. Natürlich wissen wir nicht, wie Haydn (bei seiner Rückkehr aus London) auf die zunehmend schwierigere Situation der Logen unter Leopold II. reagiert hat. Möglicherweise war er nach seiner Rückkehr in ein Wien, in welchem die Aufklärer unter den Freimaurern relegiert wurden oder resignierten – Schikaneders und Mozarts „Zauberflöte" stellten ja einen Versuch dar, die Öffentlichkeit für eine positive Stellungnahme zu gewinnen und die Kräfte der Restauration beim Namen zu nennen –, mit dem Thema auch persönlich befasst. Als dann sein Logenbruder ihn um Quartette bat, da nützte er die Gelegenheit, sie auf ein Sujet persönlicher Verbundenheit zu stellen. Vielleicht liegt ihnen der Rückgriff auf eigene Erfahrung oder Stationen zugrunde, die ihn mit Apponyi verbinden.

Was uns daran wesentlich erscheint, das ist nicht der Versuch, irgendein Spielen vermeintlich zu entschlüsseln, sondern die Möglichkeit zu eröffnen, mit diesen Quartetten sozusagen Haydn (im ausdrücklichen Sinn) zu hören und nicht abstrakte Stücke Musik (die eben zufällig von Haydn stammen, was ihnen nicht mehr als objektive Qualität zusicherte). Zu denken ist erst einmal an Op. 71/1, aber auch an Op. 74/2 und /3, letzteres mit seiner außergewöhnlichen Tonartfolge in den Sätzen.

Dem ersten Satz von Op. **71/1** steht eine Kadenz aus fünf Akkorden vor. Diese Akkorde sind als Achtel notiert, wie als je durch Achtelpausen getrennte Schläge. Ihre obere Satzbegrenzung kommt von „oben", von der Quinte herab, „an" und kleidet eine zumindest zu denkende Figur ($b' \rightarrow c'' \rightarrow b' \rightarrow a' \rightarrow b'$) musikalisch so ein, dass die Oberstimme am Schluss in diese Figur einbiegt. Hier wird ein möglicherweise Zu-Denkendes in einen vollkommen musikalischen Vorgang übertragen, der Assoziationen von einem Energischen, vom Ankommen oder Anklopfen bis zum Symbol des Kreuzes oder Kreises zulässt. Den Akkorden schließt sich mit dem eigentlichen Beginn eine Thematik an, wie ein Gestus des Bittens oder Forderns, den Dreiklang von oben herab aufspaltend und nochmals bis zur Oktave ausholend, der über den Nachdruck der Fortspinnung in einen Nachhall gerät und zur Neuformulierung ansetzt, die sich wie zur Entschlossenheit steigert und ein drittes Mal zurückkommt, um in kontrapunktischer und wie sich selbst begründender „Arbeit" die Intensität des Begehrens zu vergrößern. Dass die Reprise solches nicht mehr in Gänze aufnimmt, das erscheint nach einer Durchführung, die die Motive des sozusagen Begehrens und der Entschlossenheit von verschiedenen Seiten beleuchtet, plausibel. Als Conclusio des Satzes genügt ein „Also…", das die Motive sozusagen des Spielens und des Handelns nochmals bündig formuliert. Dem stellt der II. Satz, *Adagio*, so etwas wie ein Staunen über ein Wunderbares oder eben dessen Offenbarung sowie ein Erhobenwerden als Grundmotive zur Seite, gepaart mit motivischen Vorhalten, die (unter dem o. a. „Vorurteil") wie auf ein Einsichtbegehren verweisen. Während der B-Teil dies modulatorisch quasi in Aussicht stellt, zeichnet die Rückkehr (A') durch ein Auflaufen auf dick fundamentierte Akkorde und dem anschließenden Laufwerk (nach oben) vielleicht so etwas wie eine Befriedigung vor, ausgestattet mit auffallend arpeggierenden Akkordklängen, die solches „Ergebnis" verstärken. Als „Folge" können wir das Menuett wie eine Reaktion des Beurteilens und (Sich-)Erklärens und den Schlusssatz (*Vivace*) als Resultat einer möglicherweise positiven Aussicht verstehen.

Wenn wir das Quartett Op. 71/1 als einen energischen „Aufbruch" in das menschliche Leben (im ausdrücklichen Sinn) auffassen, dann möglicherweise für jene Station, die beginnt, nach einer eigenen Einsicht zu streben. Vielleicht können wir die folgenden Quartette dann als Stufen der Realisation interpretieren, die in keiner Weise auf einen Logenzusammenhang beschränkt sein müssen. Die Folge der Quartette beträfe dann so etwas wie die Folge (auto)biographischer Stationen (vielleicht „unter besonderer Berücksichtigung von…").

Das vorletzte Quartett, Op. **74/2** (F-dur), beginnt mit einem Unisono in der Gestalt einer ausgedehnten Fanfare, im Wesentlichen den F-Klang auseinanderlegend und auf dem Dominantgrundton den eigentlichen *Allegro*-Beginn in Erwartung stellend. Die Unisonofanfare ist nicht eigens bezeichnet, steht aber auch hier vor dem eigentlichen Beginn der Exposition, deren Thema den auseinandergelegten Fanfarendreiklang aufgreift und zur musikalischen Gestalt incl. deren Prolongierung ausbaut. Ein zweites Anspielen des Themas hebt dieses um eine Stufe nach G-moll, eine Tonart (zumindest, was das „G" betrifft), die traditionell eine solche der Aufklärung sein soll. Eine dritte Themenaufnahme – wir erinnern uns des ersten Quartetts – führt in eine kontrapunktische Verarbeitung des Dreiklangthemas incl. seines zweiten Motivs, das mehrmals im Anhang des Themas aufscheint und eine Variante des „Kreuz"- oder Kreis-Motivs darstellt. Der Schlusssatz mit seinem doppelten, unisonen und trillerbestückten Abgang im auseinandergelegten Dreiklang in C-dur führt hier zwar über das unisone *cis→e* zur Wiederholung der Exposition (*cis→e→f...*), ist aber gleichzeitig auf den Beginn der Durchführung angelegt (*cis→e→a*), in der die eigentliche „Arbeit" in A-dur ansetzt. Deren Ende (in A) leitet ganz analog über *d→e→f* unison zur Reprise über, die zwar das (hier wohl programmatische) Anheben des Themas aufnimmt, danach aber, wieder in F fortfahrend, die dritte Themenaufnahme konsequent auslässt und über das übliche Laufwerk den trillerbestückten Dreiklang (nun in F) erreicht und über eine Reminiszenz der Eingangsfanfare abkadenziert.

Der II. Satz ist (wie der des vorausgehenden Quartetts Op. 74/1) ein *Andante grazioso*, nun in B-dur, der Tonart des ersten Quartetts (Op. 71/1). In diesem Liedsatz, mit drei Variationen und einer Coda, nehmen Thema und Variation 3 die Rollen der Exposition und der Reprise ein. Das auffallende Kennzeichen in ihm bilden die bestimmenden metrischen Vorhalte bzw. eben Auflösungen (auf die es wohl hier ankommt!), hervorgerufen durch eine Gegenstimme unter der Violine I. Während Variation 1 ungewöhnlicher Weise die Thematik in die Unterstimme(n) legt und den „Auftretenden" von einer ganz anderen Seite agieren lässt, wechselt die Variation 2 gleich einer Durchführung nach B-moll in ein entfernt variatives Umgehen mit dem thematischen Material, wesentlich in besonderer hoher Lage. In ihr scheint die Erste Violine z. T. wie auf sich allein gestellt, wobei sie versucht, im A'-Teil gleichsam ins „Helle" (B-dur) zu gelangen. Variation 3 nimmt das Thema wieder auf, fügt aber ab der ersten A-Teil-Wiederholung Umspielungen hinzu. Hier erscheint das Thema als „einfache" Melodie, von den Vorhalten befreit. Mit ihr läuft der Satz in einer Coda aus. Den III. Satz zeichnet (im ersten thematischen „Satz") eine abrupte chromatische Modulation aus, die das Spielen nach D-moll „hochhebt", um dann trotzdem in der Dominante abzukadenzieren. Dass dieses Hochheben in der Wiederaufnahme (sozusagen A') zweimal wie fragend stehen bleibt und dann über eine *pizzicato*-Begleitung sich als bloße Kadenz aufzulösen scheint, das wäre wohl als ein wie fragender (Rück-?)Blick zu interpretieren. Das Trio allerdings wechselt nach D-dur und ziert eigentlich zweimal milde das (bereits mehrfach angesprochene) „Kreuz"-Motiv ($d \rightarrow e \rightarrow cis \rightarrow d$), bevor es ohne definitiven Schluss zu einem Verklingen hin fortgezeugt erscheint. Entsprechend beginnt das Schluss-*Presto* wie ein aufgeregtes Wispern, wie ein Vorgehen im Verborgenen; alles scheint im piano vor sich zu gehen. Auffallend dabei eine plötzlich ins Moll und in eine Chromatik fallende Passage, die einen strukturell(!) an Beethovens „Seid leise..." im *Fidelio* erinnert. Dazu kommt die kontrapunktische Arbeit (Fuge) mit dem Thema, das den als Durchführung fungierenden Abschnitt dieses Rondos ausmacht. Ist dies ein pessimistischer Schluss, der auf die mögliche Bedeutung des G-moll des letzten Quartetts innerhalb des Sujet-Rahmens vorausweist?

Die thematische Verwandtschaft des Trios mit dem I. Satz des C-dur-Quartetts (Op. **74/1**) lässt uns erst einmal auf dieses blicken. Vor dessen thematischem Beginn steht hier der taktlang ausgehaltene Dominantklang, der in eine kurz angespielte Tonika mündet, – wie ein langes Warten, das endlich sein Ziel erreicht(?), beide hervorgehoben durch *forte* und volle Klanglichkeit. C-dur kann man als eine Tonart (auch) des Beginns ansehen; sollte hier etwas Erreichtes beginnen? Setzen wir hier das Motiv des (chromatisch fortgesetzten) „Kreuzes" ($c \rightarrow d \rightarrow h \rightarrow c$) als ein Symbol für ein Bemühen (eben nicht nur religiöser Art), dann bedeutet dessen bereits in der Exposition vielfache Aufnahme mit je unterschiedlichen Fortspinnungen und Vervollständigungen, dass es

„benützt" wird, nicht nur über durchgehenden Achteln als es selbst zu erscheinen, sondern mit unterschiedlichen Gegenstimmen (also in unterschiedlichen „Zusammenhängen") oder Fortsetzungen (also in unterschiedlichen „Richtungen" und „Verständnissen") bis hin zur chromatischen Einebnung („Konzentration") oder modulierend (in unterschiedliche Bereiche des Bemühens „ausgeweitet"). Dies fasst noch einmal die Reprise zusammen, deren zweite Themenaufnahme als Fugenkopf gestaltet ist und deren Schluss nochmals von einer Unisonohervorhebung zum Enden geführt ist.

Auch hier weist der II. Satz als ein *Andantino* (*grazioso*) auf ein „Auftreten"; doch bleibt er in seinem 3/8-Takt sowohl formal als auch inhaltlich schwer zu bestimmen. Wer tritt in diesem G-dur-Satz auf? Aus einem sich aus der Aufspaltung des G-dur-Dreiklangs über einen (das „Kreuz"-Motiv einschließenden) Vorschlag wehmütig aufschwingenden figürlichen Spiel erscheint eine Art Thema zusammengesetzt. Doch löst sich aus diesem ein wirklich thematisches Melos (Kantilene) wie ein Ergebnis, das durch motivische Vorhalte gekennzeichnet ist und zwischen dessen Anfang und Ende per Prolongation sich eine ausgedehnte Ansammlung wie von Seufzern einschiebt. Solcher Eindruck bleibt auch in der Durchführung bestimmend; und die Reprise verändert ihn kaum, trotz Einschub eines vorübergehend „leichten" Melodiechens. Auch bei dem wie entschlusshaft wirkenden *Menuett* kommt man nicht umhin, ein konkretes menschliches Äußerungshandeln zu assoziieren, vor allem in den internen Wiederholungen. Dem stellt das A-dur-Trio ein Ausweichen in eine gelöste Stimmung gegenüber. Schließlich das Finale, ein *Vivace*-Satz: auch es kommt nicht „fröhlich" daher, aber immerhin erfüllt von einem vielleicht positiven Resultat. Auch in diesem Sonatensatzrondo nimmt den als Durchführung fungierenden Abschnitt eine Art Fugenarbeit ein. Bemerkenswert ist das Münden in einen Abschnitt wie „all' Ungherese", was schließlich auf den Autor selbst weisen würde.

Auf der anderen Seite von Op. 74/2 steht nun das G-moll-Quartett (Op. **74/3**), das als ein Schluss einer Gruppe von der

Tonart her ungewöhnlich scheint und wohl etwas „meinen" will. Auffallend und wohl aus der Funktion als Schlussquartett begründet (was wiederum ein übergreifendes Sujet nahelegt) erscheint auch die Tonartenfolge der Sätze: G-moll, E-dur, G-dur, G-moll/dur. Auch hier besitzt der erste Satz eine zur Kadenz (zur Dominante) aufschließende Unisono-Einleitung; doch wird diese hier mit der Exposition wiederholt. Ihre Tonfolge (*g'-b'-d''-es''*[-*g''-b''-d'''-d'*]), mit je im Aufstieg oktavausgreifenden und vorschlaggestützten Ländlertönen erscheint wie die Begleitung zu einer Art Hexentanz gestaltet. (Dass nach dem *es''* für *g''* und *b''* als Ausgangston *cis'* bzw. *d'* erscheinen, bedeutet, dass auch hier das „Kreuz"-Motiv *d→es→cis→d* eingearbeitet wurde.) Das von dieser Einleitung abgeleitete Thema, im Dreiklang aufsteigend, landet gleich wieder in absteigenden und gleichsam wie mitleidenden Vorhalten. Dies schließt entschlossene Wechsel nach G-dur nicht aus, landet aber letztlich in einer geradezu entwaffnenden Ländlermelodie in viertaktiger Kadenz. Die Durchführung greift diese wie wütend auf, um mit ihnen eine Art Reminiszenz der Einleitung zu erreichen und über sie eine geheimnisvolle modulatorische Steigerung in ein Auflaufen in einen mehrdeutigen (= ausweglosen?) Akkord anzugehen. Die Reprise eliminiert die ersten acht Takte, verkürzt im Ganzen und landet in der entwaffnenden Ländlermelodie, um mit einer aus ihr entwickelten Coda definitiv zu schließen. Können wir diesen Satz als Feststellung einer entmutigenden Situation hören?

Vielleicht repräsentiert der II. Satz, ein (oft zu hörendes) *Largo assai* in E-dur, einerseits ein aus eigener Erfülltheit gespeistes und anderseits in der thematischen Substanz sprachgezeugtes Beklagen oder Befragen der Gottheit, mehrmals nach einer absinkenden Phrase nach oben ausgreifend, stets weiter und stets in einem mehr und mehr mit Dissonanzen angefüllten Akkord endend. Ist dies eine Gestik aus höchster Verunsicherung und doch höchsten Gottvertrauens? Wie ein „Erklären" oder „Verdeutlichen" des eigenen Anliegens folgt ein innerlich bewegtes „Singen", ein in E-moll ansetzendes Melos, das wie in großer Zuversicht nach C-dur moduliert und über ein Korrespondieren in die Reprise mündet.

Diese wiederholt über ein wie zuversichtliches Ausschmücken
(der Violine 1) das Anrufen, führt es aber entspannend weiter in
eine tröstliche Lösung? Schließlich formulieren die Spielenden
aus dem Thema ein eine Oktave höheres Geschehen, das sich wie
eine Tröstung versichernd zum Schluss niedersenkt und ganz
wörtlich zur Ruhe des Ausklingens führt. Die Reaktion im *Allegretto* des G-dur-*Menuettos* bildet von der Gestik her ein in auffallend harmonischer Zweistimmigkeit sich gestaltendes Absteigen,
durchaus als innere Akzeptanz (im Sinne eines Bewegtseins?)
auffassbar, dem sich die anderen Stimmen anschließen. Das Trio
scheint die Motivik des Menuetts aufzunehmen, sie aber im Sinne
eines kritischen Befragens nach Moll und in eine Chromatik zu
führen, um schließlich in wie aufgebrachter Weise zu enden.
Doch führt das Dacapo zurück in die Ausgangsreaktion. Wie ein
I. Satz beginnt das *Allegro con brio*, der IV. Satz; es erscheint (mir)
wie ein wütendes „Ergebnis". Ist das Resignation, der Rückzug in
die eine Art Bescheiden (→ „Volksmusik") symbolisierende Resignation? Vielleicht aber nur scheinbar! Denn das auf ein zweites
Thema folgende Schlussspiel deutet eher inneren Widerstand,
aber auch Rückzug an, der sich im entschlossenen Laufwerk und
der Modulation nach Dur niederschlägt.

Der Schluss des Quartett-Zyklus Op. 71/74 mit dem G-moll-
Quartett entspricht der gedruckten Ordnung, die nicht jene sein
muss, die Haydn den Quartetten in der Abschrift für Apponyi
gegeben hat. Man kann sich fragen, ob Haydn jener kritische
Geist war, der die steigende Repression vor allem auf die wirklichen Aufklärer unter den Freimaurern als Bedrohung wahrnahm.
Gleichzeitig wird ihn nach der Rückkehr aus London das Ableben
Mozarts noch beschäftigt haben. Vielleicht hat er auch eine der
Aufführungen der „Zauberflöte" besucht. Angenommen, deren
Tonarten spielten eine gewisse Rolle auch für diese Quartette,
und angenommen, ein Zusammenhang mit der Freimaurerei
entspräche der zugrundeliegenden Sujetvorstellung, in der die
einzelnen Quartette sowohl Stufen der Initiation als auch allgemein solche des Verständigwerdens des zur Aufklärung streben-

den Menschen repräsentierten, dann wäre auch eine andere Reihenfolge der Quartette denkbar. Diese begänne möglicherweise mit dem C-dur-Quartett und liefe über F und D zum G-moll-Quartett, um dann über B zum Selbstbewusstsein des Es-dur-Quartetts zu gelangen.[1]

Anzumerken wäre dabei aber, dass es hier (vielleicht auch und gerade für Haydn!) nicht um eine „richtige" Reihenfolge ginge, sondern um eine *mögliche*. Denn die Tonartenfolge und die Folge der so-gearteten Quartette eröffnen und lenken jenen Sinn, den die Spielenden und vor allem die Mit-Spielenden ihrem jeweiligen Tätigsein zumessen können. Reihenfolgen assoziieren Verständnisse von Handlungsintentionen und -konsequenzen; und da mag Haydn selbst die eine für Apponyi, die andere für die Öffentlichkeit bestimmt haben. Auch dass er eine ursprünglich ins Auge gefasste Reihenfolge nachträglich verschleierte, erscheint möglich. Wenn wir uns also die Reihenfolge umgestellt denken, dann würde z. B. die Thematik des I. Satzes des B-dur-Quartetts eher ein Jubeln statt eines Bittens assoziieren, das (Fast-)Erreichthaben eines Ziels. Auch das Quartett in F-dur mit seiner Fanfare erzeugte dann eher die Vorstellung eines expliziten Erfolges im Streben nach Erkenntnis oder des Erreichens einer gewissen „Stufe". Wenn wir unsere verbleibenden beiden Quartette in eine veränderte Reihenfolge einordneten, dann käme dem D-dur-Quartett eine Funktion zu, ähnlich der des „O Isis und Osiris"-Chores der Priester in der 18. Szene der „Zauberflöte". Aber einen Platz analog zur Vermittlung hin zu den eigentlichen Prüfungen („Wegen") des Lebens nimmt dieses Quartett auch in der Druckreihenfolge ein. Es scheint deshalb naheliegend, bei der uns überlieferten Reihenfolge zu bleiben; möglicherweise stünde sie für eine Art Auf- und Abstieg, die die beiden Folgen von je drei Quartetten (auch) repräsentierten.

---

[1] Gemäß Feder (S. 92) entspricht die gewohnte Reihenfolge der Quartette zwar der der Erstausgaben; doch gemäß den Wasserzeichen im Papier der Autographe könnte sich die Niederschrift (gem. Feder) in folgender Reihung vollzogen haben: Op. 71/2 (D) – 71/1 (B) – 74/3 (g) – 74/2 (F) – 71/3 (Es) – 74/1 (C).

Die Tatsache, dass das D-dur-Quartett Op. **71/2** mit einem „einfachen *Adagio* von vier Takten mit konventionellen Eröffnungs-
Gesten" beginnt (Finscher, 428 f.), stellt ja umso mehr die Frage
nach dem Warum. Und die Antwort lautet wohl: hiermit wird
verdeutlicht, dass im und mit diesem Quartett explizit etwas
beginnen soll. Solche Eröffnung gleicht der einer feierlichen
Handlung, die ihr Ziel – im stufenweisen Anheben und erst einmal folgenden Neigen, um sich zum offenen Ende hin aufzurichten – andeutet und direkt in das *Allegro* übergeht. Der eigentliche
Satzbeginn scheint wie ein Schritt „ins Leben", mit einem wie
aufbauenden Thema, dem ein Gegengedanke mit einer Art „Auftürmen" der Klänge und schließlich ein vermittelndes drittes
Thema folgen. Nach der thematischen Arbeit der Durchführung
fällt in der Reprise nicht nur das „Auftürmen" mit den Oktav-
Vorschlägen auf, sondern auch die Arbeit mit dem dritten Thema.
Mit ihm schließt der Satz, dieses Thema im Unisono sozusagen
nach oben hebend.

Der II. Satz, ein *Andante cantabile* in A-dur, beginnt mit einer
Kadenz, aus der eine Kantilene sich herauslöst, ein Melos großer
Empfindung, dessen Nachsatz mit Verlängerung und harmonischem Ausweichen zum variierten Vordersatz zurückführt und
über ein Sich-Aufschwingen in große Höhen sich sozusagen
„überhöht" und über einen dramatischen Moll-Durchgang zu
einer „Lösung" führt, deren Abebben nach B(?) moduliert. Nach
einem Mittelteil mit auffälligen punktierten Rhythmen gelangt
das Spielen in den A-Teil zurück incl. einem Ausweichen in prä-
ludiumartige Phasen und Modulationen, schließlich in eine Coda
mit dem Thema, das die Erste Violine gleichsam kommentiert.
Das Auslaufen begrenzt ein *forte*-Schlussakkord, der ein betontes
und gemeintes „Enden" markiert. Dem schließt sich ein *Menuetto*
an, das die Dreiklangsentfaltung des *Andantes* thematisch aufnimmt und sich wie ein „Wille zum Leben" gebärdet. Dem setzt
das Trio zwar ein mit schmerzlichen Vorhalten versehenes Spielen mit dem „Kreuz"-Thema entgegen; doch das Dacapo schließt
dieses in die eher positive Sicht ein. Überraschend dann das eher
gemütliche *Allegretto* des Finales, denn auch das Menuett war mit

„*Allegretto*" bezeichnet! Dieses, wieder von einer Kadenz ausgehend, schließt sein Thema auch z. T. kontrapunktisch bearbeitet ein. Der dramatische Mollteil i. S. einer (kurzen) Durchführung klingt wie „mit der Zeit vergehend" aus, um von dem Dacapo ins Vergessen gerückt zu werden, nicht ohne die impliziten Vorhalte herauszustellen. Und wenn daraufhin das Spielen in eine schnelle thematische Stretta wechselt, dann mag darin und im Auflaufen sowie im Laufwerk des Endes ein erfolgreicher Abschluss des subjektiven Bemühens gekennzeichnet sein.

Es ist eigentlich sinnlos, den Satz zu beschreiben, der (wie viele langsame Sätze Haydns) darauf entworfen ist, dass wir als Mit-Spielende ein quasi persönliches Auftreten und (uns) Äußern mitvollziehen, geführt von Haydn bzw. den Spielenden. Letzteres scheint mir insofern eine wesentliche Beobachtung, als wir den Eindruck haben, dass Haydn mehr und mehr nicht mehr die Spielenden zu einem Selberspielen „entre nous" ermächtigt, sondern primär die Mit-Spielenden, zu deren Vollzug die Spielenden „nur" noch eine vermittelnde Funktion einnehmen. Das mag die Beobachtung einschließen, dass das Streichquartett immer mehr zum „Instrument" wird, zur Ensembleeinheit, die nicht mehr aus dem Zusammenkommen von vier Einzelnen gedacht ist.[2]

Damit bleibt das Es-dur-Quartett (Op. **71/3**), das dem ersten Satz (*Vivace*) einen einzelnen vollen Es-dur-Akkord plus Pausentakt voransetzt. Das nun anhebende Thema, wie von der „Zauberflöten"-Ouvertüre abgeleitet, beginnt auch wie ein Fugenthema (allerdings wie in Reminiszenz an die C-moll-Fuge in WK I), staucht jedoch die zweite, versetzte Quarte, hängt ihr eine rundlaufende Figur an, die in ein Klopfmotiv sich schließt, und ergänzt das so entstehende Motiv mit zwei sozusagen Echotakten. Aus der dominantischen Beantwortung des aus beiden sechstaktigen Halbzeilen entstandenen Komplexes entwickeln die Spielenden den ersten Themenkomplex durch thematische Arbeit. Dem folgt eine kurze kontrapunktische Arbeit und ein kadenzie-

---

[2] Nichts anderes meint ja eigentlich die Bemerkung Finschers, dass die reifen Quartette für die Öffentlichkeit geschrieben seien…

render Übergang zu einem zweiten Thema, das, wie „abwartend"
oder „bittend", aus dem Quartschritt des ersten in B-dur gebildet
erscheint. Nach Laufwerk hört man (als Schlussthema?) eine
Passage, die an das Finale des I. Aktes der „Zauberflöte" erinnert,
an die Szene, in der Monostatos Tamino als „Gefangenen" herein-
führt. Ein Zufall?

Einmal auf eine solche Verbindung gebracht, assoziiert man
auch den II. Satz, ein *Andante con moto* in B-dur, als ein irgendwie
verteidigendes Auftreten, dessen Vordersatz in ein wie eine Enttäuschung „ausdrückendes" D-moll mündet. Auch hier erscheint
ob der Dichte der durchschrittenen Affekte ein Beschreiben fast
aussichtslos. Eine verkürzte Reprise leitet zu einer Variation des
Umspielens und diese zu einer Wiederaufnahme, die zwar das
Dur-Geschlecht hervorhebt und thematische Motive in ein unten-
oben-Korrespondieren versetzt, zum Schluss aber die thematische
Substanz quasi „zerstückelt". Ist das ein Auftreten der Hoff-
nungslosigkeit, der Resignation oder eines, das eine Vergangen-
heit gleichsam hinter sich lässt? Von daher könnte dieses Es-dur-
Quartett[3] an beiden Stellen stehen, als Schluss einer ersten und
auf eine persönliche Entwicklung hinweisenden Trias ebenso, wie
– wenn man die Situation der Logen am Beginn der 90-er Jahre
bedenkt – am Schluss des gesamten Opus der sechs Quartette.
Auch das Menuett orientiert sich nach ausgreifendem Beginn
thematisch eher abwärts, verfällt auch in eine unten-oben-
Korrespondenz und im zweiten Teil in ein scheinbar heftiges
Argumentieren. Das Wesentliche aber scheint hier die Allgegen-
wart der „Kreis"- oder „Kreuz"-Figur zu sein, bereits in den ersten vier Tönen (b'-a'-c''-b') en passant angedeutet und dann in
allen möglichen Formen und Erweiterungen auftretend. (Die
Figur scheint nicht nur im gesamten Quartett gegenwärtig, sondern gleich auch im folgenden C-dur-Quartett (Op. 74/1) in einer

---

[3] Von dem Es-dur-Quartett ist (nach Feder, 92) nicht klar, wann es entstand. Während fünf der autographen Partituren des Opus mit 1793 datiert sind, fehlt ein solcher Vermerk dem Skript des Es-dur-Quartetts.
Feder vermutet die Quartette in D und B als „vielleicht schon 1792 entstanden".

Umkehrung (*c''-d''-h'-c''*) thematisch bestimmend.) Das Finale –
sein Thema legt die Intervalle der Figur auf zwei Dreiklangsstu-
fen in umgekehrter (wie hoffnungsloser) Reihenfolge auseinander
– ist ein *Vivace*-Satz, wie der Beginn des Quartetts. Es scheint
direkt am Menuett als Konsequenz anzuknüpfen, nun aber in
einer geradezu „kritischen" Ländlerform und z. T. mit einem
Kontrapunkt in Gegenrichtung. Vor allem in den Phrasenenden
ist die Ausgangsfigur allgegenwärtig. Die Durchführung, beginnend wie eine Variation, verarbeitet das Thema inform einer
modulatorisch fortschreitenden Fuge in zwei Anläufen. Dazwischen, nach einem akkordischen Insistieren über wilden Läufen –
solches Insistieren auf einem Akkord werden wir später bei Beethoven wiederfinden –, ein Zitat des Themas, gleich einer Scheinreprise. Zum Schluss erscheint auch hier im tendenziellen Auslaufen die thematische Substanz, obwohl fast wie ein Spott immer
wieder aufgenommen, wie nur noch erinnert (in den Stimmen)
bzw. im Laufwerk abgeschlossen. Auch dieses Quartett, obwohl
gemäß Schubart im Ton „der Liebe, der Andacht, des traulichen
Gesprächs mit Gott", ist alles andere als ein optimistischer Entwurf.

Wir können uns vorstellen, dass die sechs Quartette etwas mit
jener Situation zu tun haben, die Haydn nach seiner Rückkehr aus
London vorfand, vor allem mit jener, die ihn u. a. mit Apponyi
verband. Doch können wir, von dem gesellschaftlichen Phäno-
men der Logen abstrahierend, in der Quartettfolge auch einfach
eine Folge biographischer Stationen im reinen Sinn sehen. Was
wir nicht können: das ist, einen konkreten Inhalt annehmen, auch
deshalb nicht, weil wir nicht wissen, welcher der vielen Strömun-
gen Haydn selbst anhing. Da Haydn der Loge Borns beigetreten
war, noch bevor diese durch die Mandate Josephs II. mit anderen
und kaum als aufklärerisch zu bezeichnenden Logen zwangsver-
einigt wurde, erscheint hier eine Thematik der Enttäuschung eher
naheliegend. Anderseits könnten auch diese Quartette eher der
Beziehung zu jenem Freund gedenken, mit dem er u. a. über die
Ideenwelt der Freimaurer verbunden gewesen war.

Die sechs Quartette Op. 76, 1796/97 entstanden, sind dem Grafen Erdödy gewidmet und (wie Finscher anmerkt) wohl auch von ihm bestellt worden. Finscher sieht in Op. 76 – Haydn ist jetzt 64/65! – ein „Spätwerk": „Kompromisslos auf das Wesentliche konzentriert" (421), „nach innen gewendet". Keine Scherze oder populäre Themen, keine „extravertierte Virtuosität". Dafür „virtuos gehandhabter freier Kontrapunkt", „weit weg" vom Konzertsaal. Ob seine Quartette je nah am Konzertsaal waren, das können wir durchaus infrage stellen. Wesentlicher erscheint uns, dass Haydn im Laufe seines Alters nun immer mehr von einem „Entre nous" der Spielenden (im Sinne eines Selber-Spielens als Position des Gebildeten gegenüber einem Spielen-Lassen) zu einem solchen des/r (einzelnen!) Mit-Spielenden wechselt. Dabei ist das Entworfene sicher nicht als „Sprache", aber möglicherweise als etwas Analoges anzusehen, in dem Sinn, in welchem wir von „Körpersprache" sprechen. Er ist Vorlage für ein „(Sich-)Äußern" des Menschen im *Sich-selbst-Gegenüberstehen*, des vor allem Hörenden in Parallelität zum inzwischen ensemblemäßigen Äußern der Spielenden. Diese Ermächtigung zu einem „inneren" Äußern des/r Hörenden gilt es zu nutzen. Haydns Musik ist nicht zum „Verstehen" auf der Welt, sondern für ein „Selbsterleben als…". Dabei scheinen die Sätze konzentriert auf wesentliche Funktionen sich selbst gegenüber: der erste Satz auf ein „Selbsterleben als" etwas Eröffnender (im Kontext eines Sich-Erlebens als Denkender), als Quasi-Auftretender bzw. Selbstäußernder („Singender") im zweiten Satz, als sich gleichsam körperlich Äußernder bzw. Reagierender im dritten Satz und als etwas (= den Akt des Bedenkens) Schließender bzw. Feiernder bzw. konsequent zu einem Abschluss Bringender im letzten Satz.

Solche Überlegung wird gleich relevant im ersten Quartett der Reihe, in dem in G-dur (Op. **76/1**), bei dem sich die Frage stellt: ob man den ersten Satz gehört haben muss, um den zweiten so mitzuvollziehen, wie Haydn das Mit-Spielen „be-absichtigt" haben könnte. Denn dieser II. Satz stellt eines jener hymnischen und getragenen *Adagios* vor, die uns vollkommen „versinken" lassen in ein „Mit-Sich-Sein". Nur, worauf u. d. h. auf welches „Erfüllt-Sein wovon" könnte dieses zielen? Dazu müsste der erste Satz einen Hinweis geben. Dieser Satz stellt dem Beginn (analog den Quartetten Op. 71/74) eine Kadenz voraus, deren Akkorde mit vom Grundton zur Terz aufsteigender Oberstimme durch Pausen getrennt sind. Solcher Beginn vor dem Beginn bringt zwar etwas Entschlusshaftes zur Geltung; aber er eröffnet auch im emphatischen Sinn. Was aber sollte beginnen? Einerseits kann man das thematische Geschehen wie ein Ins-Gespräch-Kommen gesellschaftlicher Art aufnehmen; als ob einer „etwas" äußere, ein oder zwei andere es aufnähmen und dann die Allgemeinheit daran teilhätte. Doch scheint dies in einer Art Heftigkeit schließlich im Unisono zu einer generellen Behauptung zu werden, um dann am Ende der Exposition in eine Art Ausgleich und Verständnis zu münden. Anderseits kann man die Exposition auch ganz anders für sich annehmen: das Spielen beginnt ja nicht mit der Violine I, was einem Einfall des Einzelnen entspräche, sondern mit dem Violoncello und der Beantwortung durch die Viola; es entwickelt sich von unten nach oben, von der Einstimmigkeit über eine Zweistimmigkeit zum vollen Klang hin – das erinnert an das Trio im dritten Satz des letzten Quartetts hier, Op. 76/6 – und mündet in einen ausgiebigen, fast dramatischen Disput, dessen fast „vernichtendes" Unisono in eine Modulation und Aufhellung führt. Die Durchführung schreitet erst einmal im Sinne eines Concerto grosso fort, bevor sie in thematischer Arbeit und da schließlich in ein kontrapunktisches Arbeiten mündet, im Themenende ausläuft und danach in ein Unisono. Im Nachhinein begreift man, dass das kontrapunktische Arbeiten mit dem Thema bereits die Reprise anzeigte, es eben nicht entwicklungsmäßig „aufgebaut" wurde. Ist da ein selbstreflexiver Entwicklungsgang gemeint, in welchem die Stationen nicht selbst „musikalisch", sondern eher lebensgeschichtlich zu verstehen wären?

Der II. Satz könnte dafür sprechen. Im *Adagio sostenuto* in C-dur stellen die Spielenden einen homophon-konzertanten Ab-

schnitt[1] mit äußerst tiefer Empfindung einer „unten-"(Violon-
cello-) und „oben-"(Violine-)Korrespondenz (u. u.) gegenüber, die
ersteren zu kommentieren und zu ergänzen sowie zu verdeutlichen scheint; anderseits mündet das Spielen mehrmals in ein wie
„gebrochenes" Nachklappen der Melostöne. Und in mehrmali-
gem Wechsel dieser unterschiedlich vollständigen Abschnitte
durchschreiten die Mit-Spielenden (Hörenden) eine große Pha-
lanx von „Bewegungen" und Gefühlsregungen, die sich wie zu
einer „Verklärung" steigern können und insgesamt auf ein Erinnern weisen. Der Satz muss nicht unbedingt eine Nänie darstellen, aber er erscheint doch als eine Rückschau auf eine(n) Dahin-
gegangene(n). Dem Charakter der ersteren entspräche der Durchführungsabschnitt, wie über Trauer (Moll) und einen Gefühlsaus-
bruch der Verzweiflung in ein „gebrochenes" u. d. h. wie zerstück-
keltes Fortfahren leitend, um von da die Reprise aufzunehmen. In
dieser verändern die Spielenden das Korrespondieren dahinge-
hend, als sie die Beteiligten je in einen Zusammenhang und wie
abschließend zu Wort kommen lassen, um danach vergehend
aufzulaufen.

Dem schließt sich der III. Satz wie ein Reagieren in Eifer, zumindest in Aufregung an. Der Satz gibt sich als *„Presto"* wie ein
Scherzo bzw. bereits ein Finale. Hinzukommt seine Ausweitung
der Perioden über die anfangs angeschlagene Viertaktigkeit hinaus, gleich einem Sich-nicht-Beruhigen-Können. Dieses schließt in
einem Tremolotakt eine Art Höhepunkt ein, als ob sich in ihm
etwas „schüttelte" oder verwandelte. Demgegenüber demonstriert der Spieler im bewegten Solo der oberen Violine über einer
Pizzicato-Begleitung im Trio einerseits sein Spielvermögen,
anderseits stellt dieses Spielen ein „Tänzchen" im Tempo eines
Ländlers dar. Es vertritt einerseits etwas „Einfaches", anderseits
entsteht durch die Periodenausweitung und durch Angliederun-

---

[1] Bemerkenswert erscheint die Konstruktion des Themas: Neigen zum
Grundton, doch wird dieser verkürzt, Ziel und Fortfahren werden gestaucht, und auf diese Weise wird letzteres nochmals emphatisch aufge-
laden. Eine andere Art, figürlich, geschieht in der „Beantwortung"; doch
endet diese in der Tonika.

gen ein demonstrativ „künstlicher" Vorgang. (Man fühlt sich an den Tanz einer Puppe in Offenbachs „Hofmanns Erzählungen" erinnert, an das Auftreten eines „künstlichen" Wesens.) Das Finale beginnt einerseits mit einem energischen Unisono. Dessen thematische Substanz, Ausgreifen vom triolischen Auftakt, Abgang in der Klangaufspaltung, Sequenzierung und Fortspinnung durch Abspalten, schließlich auch die wiederholten Triller mit einem resoluten Oktavschritt je am Schluss bilden das Material des Satzes. Und dieser steht überraschenderweise in G-moll. Der Satz könnte als ein *Allegro ma non troppo* durchaus einen I. Satz in einem Zyklus bilden: Kein fröhlicher Kehraus; stattdessen schon in der thematischen Formulierung höchst problembeladen. Doch stößt die dramatische Fortspinnung in mehrfachem Ansatz plötzlich in ein „Aber...", das seinerseits mehrfach „Halt!" gebietet. Die Durchführung als Arbeit mit dem thematischen Beginn in unterschiedlichen Ansätzen findet sich schließlich mit dem Thema ausharmonisiert und in ein *ritardando* geführt; und hinter ihm hebt die Reprise im versöhnlichen G-dur an; auch der „Einspruch" des „Aber..." erscheint nun feierlich und läuft auf einen dominantischen Höhepunkt auf. Statt der Auflösung folgt ein „Tänzchen" von zweimal acht Takten mit *pizzicato*-Begleitung eingeschoben. Erst dann führt ein kurzes Laufwerk den Satz zu einem definitiven Ende.

Wenn Finscher diese Quartette „kompromisslos auf das Wesentliche konzentriert" bezeichnet, dann ergänzen wir sie uns eher gesteigert in ihrer inneren Komplexität und dabei in der Regel auf *ein* äußerst scharf gezeichnetes thematisches Material konzentriert. Die Sätze sind kaum befriedigend beschreibbar, sie sind nur vollziehbar. Und doch muss man in solchem Vollzug die „Gestaltung" tendenziell wissentlich aufnehmen, um nicht von der Vielzahl und Konzentration des intentional Angelegten überrollt zu werden. Je höher die Opuszahl, umso mehr gilt, dass man Haydns Quartette hören *lernen* muss, um solches Hören aktiv zu vollziehen... Es ist ein Vorgehen, parallel dem Spielen, erleichtert allerdings durch die modernen Interpretationen und deren beliebige Wiederholbarkeit. *Es geht hier um eine Art Konversation mit sich, die man im Laufe seines Lebens ebenso lernen muss, wie jene reale des Spielens. „Sich-Erleben-als...“ im Zuge des hörenden, also mitspielenden Vollzuges eines Streichquartetts von Haydn ist kein selbstverständlicher Akt!*

Dies wird sehr schnell auch am nächsten Quartett, dem Op. 76/2 in D-moll, deutlich. Es ist eines der zumindest oft gehörten. Und doch müssen wir uns die Dramatik erst vergegenwärtigen, die bereits der Vollzug des Themas intendiert: die bestimmenden beiden Quinten ($a' \to d'$, $e' \to a$), einerseits wie feststellend von oben nach unten, andererseits durch das Enden auf dem Dominant-Grundton die Fortsetzung herausfordernd, die aber (statt der zu erwartenden Viertel) rhythmisch gestaucht erscheint und so in sich dem inneren Nachdruck des Hinzielens zur Dominant-Septe (g'') und dem Ablaufen eine zusätzliche exclamative Geste des Ausholens zur Oktav und des (harmonisch) demonstrativen Ablaufens zum Dominant-Grundton hinzufügt. Die ersten vier Takte des Themas enthalten also bereits mindestens drei charakteristische Gesten, „mindestens“ deshalb, weil die Reihung der zwei Quinten oder der Aufstieg zur betonten und gedehnten Oktav incl. einem Ablaufen in vier Sechzehnteln (statt z. B. zwei Achteln) bereits selbst eine wahrzunehmende Komplexität darstellen, welche durch ihre Zusammensetzung bereits Intentionalität transportiert. Diese erscheint nun in der Arbeit mit dem Thema und seinen Einzelvorgängen recte und inverso ausgeweitet und verdeutlicht. Wenn wir das Thema als eine Art inneren dramatischen Imperativ interpretieren, dann verdeutlicht der Satz selbst die Schwierigkeit, diesem nachzugehen. Denn dem ausgearbeiteten thematischen Komplex folgt ein zweiter solcher in neuer Dur-Tonart, mit kontrapunktischem Überbau und den Quinten als eine Art fixe Beharrensgröße; und nach einem Zwischenbedenken schließlich ein dritter, wieder in Moll und deutlicher kontrapunktischer Arbeit. Dessen Modulationen münden in einen Übergang zu einem Schlussspiel mit deutlich „unschlüssiger“ Verzögerung des Schließens. Das Spielen in der Durchführung durchläuft Stadien mit einem exzessiven kontrapunktischen Überbau (über den Quinten), einer geheimnisvollen Überleitung letztlich zu einem wie suchenden Ausgreifen der Quinten. Modulation, Steigerung und „Doppelpunkt" führen zur Reprise, die erst einmal stark verkürzt erscheint und in ein Schlussspiel einmündet. Doch endet dieses in einem Innehalten, um nun erneut (in neuer Tonart) zu einem Schluss zu kommen. Doch erst nach einem neuerlichen Haltepunkt (wie nach einem erneuten Überlegen) führt ein drittes Bemühen zum erfolgreichen Beenden.

Der II. Satz, *Andante o più tosto allegretto* überschrieben, beginnt überraschend als ein „Ständchen" in D-dur und im 6/8-Takt. Denn das zarte Melos wird erst einmal im Pizzicato begleitet, um im Nachsatz der Themenformulierung in den vollen Streicherklang überzugehen, – als ob aus der anfänglichen Verehrung sozusagen beiderseitige Zuneigung geworden wäre. Doch wendet sich der Mittelteil der „Strophe" nach Moll, und er endet in Fismoll, einem Ton (nach Schubart) zwar der Leidenschaft, aber auch des Missvergnügens. Zwar schwenkt die Wiederaufnahme des Beginns wieder nach D um; doch geschieht solches Umschwenken im ganzen Satz stets verbunden mit einer wie „unschlüssigen" harmonischen Umdeutung des thematischen Terzintervalls, von (*cis''-*)*a'-fis'* zu *a'-fis'*(-*d'*). Während die kurze Reprise erst einmal wie hinhaltend zu D-dur zurückfindet, wechselt nun der große Mittelteil des Satzes in gleicher Weise über die Molleintrübung, (*a'-*)*f'-d'*, zu *f'-d'*(-*B*), also B-dur, und gleichzeitig in eine Art Menuett. Die Tonart als eine der heiteren Liebe und der Hoffnung, die (wie die erste Violine andeutet) himmelhoch hinaus will, wird plötzlich verlassen, über G schließlich nach Cis- oder Des-moll. Zwar kommt das Spielen über eine lange Überleitung zum Ausgangsthema und zu D-dur zurück; doch bleibt dies nur angedeutet, wie um der Form genüge zu tun. Eine verkürzte Variation der „Strophe" mit Umspielung durch die Erste Violine gelangt in einen Halbschluss, wonach eine auffällig auffordernde Figur im Violoncello der Violine gegenübertritt. Der Satz klingt wie eine schöne Erinnerung aus.

Wenn wir in den Quartetten des Op. 76 so etwas wie (auto-)biographische Reflexe als Ausgang des Formulierens vermuten – entsprechend wäre das Quartett Op. 76/1 mit Haydns Leben davor verbunden, vor allem mit seiner Mutter, der er im langsamen Satz ein An-Denken formuliert haben würde –, dann könnte dieser Satz (und das gesamte Quartett) ein Erinnern an die unterfüllte Geschichte mit Therese Keller zur Grundlage haben. Diese, Haydns große Liebe, musste auf Wunsch der Eltern 1755 in ein Kloster eintreten und einer Zukunft mit Haydn entsagen.[2]

Das *Menuetto*, der bekannte Oktav-Kanon mit der zusätzlich oktavierenden Stimmführung in den Ober- und Unterstimmen, stünde dann als Reaktion für die Flucht in die Arbeit, hier zusätzlich als ein „Damals" angedeutet durch eine Satztechnik seiner frühen Zeit, die vor allem in Norddeutschland heftig kritisiert worden war. Doch wofür stünde das Trio? Vielleicht meint der Oktavkanon auch ein sozusagen „hartes" Nebeneinander zweier, die zu keiner Harmonie finden. Das Trio könnten wir uns dann als gleichsam herzklopfendes und wie „schließlich" zur Dominante A-dur modulierendes Denken-an interpretieren, das plötzlich (→ *forte*) das Subjekt sozusagen gesamtkörperlich überfällt. Bleibt der IV. Satz, ein *Vivace assai*, das mit seiner übermäßigen vierten Stufe (*gis*) im zugrunde liegenden D-moll vielleicht etwas „Ungarisches" entwerfen will. Das gewissermaßen relativ wilde Spielen, vielleicht steht es nun für Eisenstadt, für Haydns Beginn bei den ungarischen Eszterházys. Immerhin verwandelt sich das Thema in einer Art Nachklingen zu einem in Dur, gleichsam seiner „exotischen Wildheit entkleidet" (wie Finscher, 422, anmerkt).

Das dritte Quartett, Op. 76/3 in C-dur, bekannt vor allem durch die Variationen über die sog. Kaiserhymne als zweitem Satz, lebt von den Motiven eines 2+2+4-taktigen Themas, dessen signifikante Korrespondenzglieder jeweils um mindestens eine Oktave verschoben sind: wie ein Oben-unten-Gespräch, in welchem die musikalische „Beantwortung" sowie die Schlusskadenz der generellen „Entsprechung" je eine Oktave tiefer gesetzt erscheinen. Die synkopischen Verschiebungen im dritten Motiv lassen sich

---

[2] Haydn heiratete später deren Schwester; das Scheitern dieser Ehe ist bekannt.

ebenso als menschliches Handeln deuten, wie die resolute
Schlussantwort der um fast zwei Oktaven herabstürzenden Kadenz. Dass dies auch *musikalisch* Sinn macht und dem Vorgang
ein resolutes Streben zur Kadenz vermittelt, das mag mit die
Faszination des Satzes begründen. Bei der zweiten Themenaufnahme tritt zum Anfangsmotiv eine charakteristisch aufsteigende
Figur in punktierten Rhythmen als Gegenbewegung hinzu; hinter
dieser mündet das Spielen in einen Seitengedanken. Dieser bestimmt als ein dritter Motivlieferant zusammen mit dem Kopfmotiv des Themas den Schlusssatz der Exposition. Der Durchführungsteil arbeitet mit Motiven des Themas, bevor das Spielen in
eine ausführliche Dudelsack-Passage mündet. Aus ihr „erheben
sich" (erst in Moll) das Kopfmotiv und aus ihm die Reprise, die in
ein verdoppeltes Auslaufen mündet, wie in ein sentimentales
Beschließen eines Sich-Erinnerns. Aus diesem erst löst sich eine
Stretta, gebildet aus dem Anfangsintervall und nochmaligem, wie
sentimentalem Innehalten, bevor mit dem Motiv des Schlusssatzes resolut abgeschlossen wird. Abgeschlossen? Können wir dies
ebenfalls als eine „Erinnerung-an" interpretieren, vielleicht an
jene Kaiserin, die sein Leben mit-bestimmt hat und der er ja in
Eisenstadt bzw. Eszterháza nochmals begegnet ist? Anderseits
könnte die Dudelsack-Passage durchaus etwas mit dem Besteller
und seinem Verhältnis zum Kaiserhaus der Habsburger zu tun
haben. Denn der zweite Satz, die Variationen über Haydns eigene
Melodie zur damals aktuellen „Volkshymne" auf den Kaiser
Franz – damals noch als deutscher Kaiser der II., später als selbst-
gekrönter und österreichischer der I. – lassen die Vermutung zu,
dass der erste Satz einer Erinnerung an Maria Theresia gewidmet
sein könnte, der nun im II. Satz eine Hommage an die Habsburger Monarchie folgt.[3] Der Satz des Themas in seiner Machart mit
dem erst nur wenigstimmigen Beginn entspricht durchaus einem
inneren Singen (wie wir es ähnlich am Satz des „Abendliedes"

---

[3] Zu überdenken wäre auch, dass Joseph Haydn auf den ersten Namen
„Franz" getauft wurde, was für die hier angesprochene Beziehung von
Bedeutung sein kann.

von Claudius und Schulz beschrieben haben[4]). Es ist vorsichtig harmonisiert und meidet alle bombastische Verehrung. Auch die Variationen behandeln das Melos wie einen *cantus firmus* und geben ihm so die Funktion einer inneren Konstante, die durch alle Fährnisse hindurch unversehrt bleibt. Aus dem Melos heraus bildet das Spielen Über- und Unterstimmen, mit denen dieses (wie in Variation 3 mit kontrapunktischer Arbeit und Chromatismen) offensichtlich auch einem religiösen Handeln unterstellt oder (wie in Variation 4) in eine feierliche Verklärung geführt wird. Vielleicht demonstriert der Satz im Besonderen, was „Musik" ist und gerade als ein Tätigsein hier sein will: in diesem langsamen Satz u. d. h. im Thema als Satz ebenso, wie in den Variationen und deren Folge: gelebter, er- und durchlebter Ausdruck eines persönlichen und durchaus intimen Verhältnisses zu einer lebensbestimmenden Maxime der eigenen Wertskala.

Das wirft die Frage nach der Geltung des Menuetts umso dringlicher auf. Betrachten wir es auch hier als „Reaktion auf", dann scheint es voller Problematik, musikalisch mit Vorhalten und weit nach unten ausgreifenden Intervallen. Diese signalisieren kaum eine positive Weltsicht. Nur das A-moll-Trio eröffnet in sich vorübergehend einen Ausblick einer vielleicht positiven Verehrung in A-dur. Der eher von Trauer erfüllten Sicht des Menuetts entspricht nun erst recht die vom Finale (*Presto*) eröffnete Situation. Rigoros mit drei Kadenzakkorden die Haupttonart C-moll bestimmend, durchzieht den ersten Themenkomplex etwas herrschaftlich Aggressives, je gefolgt von wie „schmerzlichen" Vorhalten. Dem folgt als eine Überleitung und dann doch als ein Seitensatz sich entwickelnd ein aus einer Art Flehensgeste bestehendes Fortspinnen, das betont in ein Laufwerk des Schlusssatzes übergeht. Die Durchführung orientiert sich erst einmal am Seitensatz, um im dramatischen Steigern in die aggressive Akkordik der Reprise zu münden. Doch bleibt diese stecken und geht in eine neuerliche Durchführungsarbeit über, um nochmals in einer wie fragenden („Warum?"-)Formulierung aufgehalten zu werden

---

[4] Vgl. D. S., *Seinen Glauben selber singen…*, Norderstedt 2017, S. 282 ff.

und dann in einem Schlussspiel in C-dur zu enden. Keine Frage, dass die themen- und situationsbestimmenden Sätze (I und IV) Haydn jetzt hier, wo er auf eigene Erfahrungen und Befindlichkeiten zurückgreift, präziser und umfassender ausfallen. Entsprechend bekommen diese Sätze mehr Gewicht, was die Forschung ja auch angemerkt hat.

Die zweite Trias von Opus 76 wiederholt mit B-dur, D-dur und Es-dur die Tonartenfolge der ersten Trias von Opus 71. Das kann Zufall sein. Doch wollten wir dort in der Quartettfolge einen Gang durch Stationen einer Entwicklung sehen; und eine solche könnte auch hier eine Rolle spielen. Denn das *Allegro con spirito*, der erste Satz von Op. **76/4** in B-dur, hebt mit einem getrennten symbolischen An- und Absteigen in zwei sich folgenden und je für sich dramatisch fortgesponnenen Motivkomplexen an, deren zweiter sich erst einmal vorübergehend nach Moll wendet. Nach der Durchführung, die vor allem mit Motiven des „Aufstiegs" und mit einem Motiv des Schlusssatzes ungeheuer dicht arbeitet, rückt die Reprise (wie oft) die beiden Themenkomplexe näher zusammen und mündet in eine „geheimnisvolle" Passage. Diese öffnet sich harmonisch zu einem definitiven Schluss hin.

Das *Adagio* in Es-dur, ein gleichsam betont „tiefer" Satz, zeichnet sich durch sein in sich fertiges (u. d. h. zur Tonika als Terz aufschließendes) Motiv aus. Aus ihm wird der Themenkomplex gebildet und bei der zweiten, um eine Oktave gehobenen Aufnahme prolongiert und überhöht. Dem folgt als Gegengedanke eine aus der Motivik abgeleitete Entwicklung in durchaus tragischen Tönen, deren besonderes Kennzeichen in einem auf- und absteigenden Dreiklangsmotiv besteht. Die Wiederaufnahme des ersten Themenkomplexes, nun von einem Molleinschlag gezeichnet, mündet in ein höchstes und wie „dauerhaftes" Überhöhen, das nach seinem Auflaufen von einer Dominante mit Triller gefolgt wird, der erst nach einem Abreißen die Tonika nachgeliefert erscheint. Diese ist von einem ein Ende markierenden *Pizzicato* des Violoncellos unter dem *collegno*-Beginn der anderen Instrumente bezeichnet, welche in langsamem Aufsteigen in den wie klagenden und doch tröstlichen Dreiklanggedanken übergehen, um damit in einen Schluss wie in ein „Requiescat in pace" auszulaufen. Ist dies nun eine Nänie? Wohl auch nicht. Aber der Satz bringt den Mit-Spielenden möglicherweise den Mitvollzug einer Vollendung eines Lebens nahe; dieses symbolisiert bereits das Anfangsmotiv, das eben ungewöhnlicherweise synkopisch zur Vollendung in der Tonika vorstößt. Dabei kann man sich die Frage stellen, ob konkret ein Jemand gemeint sei…

Ungewöhnlich auch das *Allegro* des *Menuettos*, das in einem mehrdeutigen Hin und Her die Frage des „Was dann…?" aufzuwerfen scheint. Und das Trio, ein Anklang an ungarische Volksmusik, der wie ein „Gruß" als eine Art Nachruf an den Dahingegangenen wirkt. Ist das Abschied als Reaktion auf das Handeln im II. Satz? Schließlich gibt sich auch der Schlusssatz überraschend: Er ist zurückhaltender mit *Allegro ma non troppo* bezeichnet und bildet erst einmal eine fast genügsame Gavotte mit fast barocker Thematik, auf die Art Haydns fortentwickelt. Solches Spielen bzw. Mit-Spielen erscheint als ein Feiern des (eigenen) Gegenwärtigseins, das aber keinesfalls eines Bewusstseins von der eigenen Endlichkeit enträt. Solche in der Moll-Variante der Tonart anhebende, aber eben zur „Lösung" in Dur hin durchblickende gegenläufige Thematik flicht der B-Teil ein, um dann umso mehr in der Reprise sich in einer Art (religiös motivierter) Fuge zu bestätigen und in einer Stretta existenziell auszuleben.

Das mittlere der zweiten drei Quartette von Opus 76 (Op. **76/5**), das in D-dur, beginnt mit einem zurückhaltenden *Allegretto* im 6/8-Takt. Der tänzerisch wiegende A-Teil wird in der Wiederholung ausgeziert und wendet sich nach H-moll. Doch findet der Nachsatz (B-Teil) schnell wieder zurück zur Ausgangstonart. Was nun wie ein Variation vom Violoncello her sich thematisch aufbaut, das vertritt die Rolle einer Durchführung, in der das Spielen mittels Themenkopf und gleichsam kontrapunktischen Einwendungen in imitierender Weise ein wie argumentatives Fortschreiten errichtet. In dieses bricht plötzlich wildes Laufwerk regelrecht ein, um schließlich im thematischen Kombinieren, im Unisono und aufbauend figurativem Spiel zu einer Art Doppelpunkt zu gelangen. Hinter diesem setzt so etwas wie eine Reprise ein, in deren A-Satz-Wiederholungen die Violine Laufwerk einflicht. Der B-Teil läuft auf einen Trug- und Halbschluss auf, hinter dem sich das Spielen in einem *Allegro*-Abschnitt mittels Themenkopf und Imitation fast zu einer Art Schlusssatz verdichtet und regelrecht aufbaut und in einem Schlusssatzmotiv wie „feiernd" zum definitiven Schließen findet. Der Satz entspricht zumindest in seinem *Allegretto*-Abschnitt eher dem Typus eines „Auftretens" als dem einer Situationsskizze. In und mit ihm scheint ein Geschehen angedeutet, das „lieblich" beginnt, sich aber kraft eines dramatischen Einbrechens zu einer relativ aufregenden Finalität steigert.

Dass danach nun ein *Largo cantabile e mesto* folgt, noch dazu in Fis-dur, einer gleichsam entrückten Tonart, und in überdurchschnittlicher Ausdehnung, das mag eben daraus resultieren. Der Satz hebt wie eine große Verehrung und ein Gedenken, wie ein feierliches Ansprechen an, das in einem zweiten Anlauf von mehreren Seiten (Viola, Violoncello) aufgenommen folgt und schließlich nach Cis-moll sich verdunkelt. Auch der Neuansatz in E-dur geht in die Mollsphäre und in ein z. T. unisones Absteigen über, z. T. wie bedrohlich werdend. Schließlich eröffnet eine Reprise das reine Gedenken, führt dieses in hohe Lagen und in ein auslaufendes Nachklingen. Das *Menuetto*, zwar mit *Allegro* bezeichnet, aber doch langsamer als ein Scherzo, scheint ein überaus ernsthafter Satz, wie eine persönliche Reaktion, ein Bekenntnis zum eigenen Auftrag. Dessen schwierige Umsetzung demonstriert vielleicht das D-moll-Trio, von der fleißig bewegten Unterstimme ausgehend und z. T. in auffallenden Gegenbewegungen verlaufend. Auch die in Menuett und Trio auffallenden gegenrhythmischen Bildungen sprechen für ein Bemühen, Widerstände zu überwinden. Das *Finale. Presto* ist von einer ausgesprochen finalen Schlussfigur mit auftaktiger Dominante und abtaktiger Tonika hergeleitet, einer entschlusshaft das eigene Begreifen und Bemühen bestätigenden Figur. Ihr wird auf einem Teppich der wiederholten Achtel eine wie hänselnde Melodie gegenübergestellt. Aus den beiden Figuren und einem wie springenden Aufsteigen über Terzintervalle, aus der vorhergehenden Melodie abgeleitet, wird ein lebendig vorwärts treibendes Spielen entwickelt, anfangs regelrecht in seinen „ja, ja-„Figuren auseinandergerissen. Auffallend der gleichsam Expositionsschluss, der eine Passage aus Mozarts Serenade „Eine kleine Nachtmusik" regelrecht als Satz zitiert. Der Durchführungsteil, nach B ausweichend (??), arbeitet mit der o. a. Melodie und ihrer Figur, um fast unmerklich in die Reprise einzumünden. Auch diese gelangt in die Mozart-Passage und in einen Schluss, der den Beginn des Satzes zitiert.

Finden wir hier eine Hommage an Mozart, gleichsam eine Metapher des Weiterlebens nach dem Tode, eines „Lebens" im Spielen und Mit-Spielen entworfen, das in seiner Figürlichkeit vielleicht persönliche Merkmale des verstorbenen Freundes aufnimmt und für sein Überleben in seinem Werk steht? Dann wäre möglicherweise das ganze Quartett (nochmals) eine Hommage an ihn? Einen persönlichen Sinn würde dies letztlich auch dem Zusatz *„mesto"* (traurig) in der *Largo*-Bezeichnung verleihen.

Der Themenkern des ersten Satzes des Es-dur-Quartetts (Op. **76/6**) ist aus einem auftaktigen Motiv gebildet, das je über zwei Sekunden incl. seines harmonischen Vorgangs aufsteigt und abbricht. Seine dreimalige, sekundweis absteigende Reihung und danach chromatisch wie mühsam zum Ausgangspunkt ansteigende Variante ergeben ein in die Dominante strebendes Thema im *Allegretto*-Satz. Sein besonderes Kennzeichen besteht darin, dass die Motive durch Pausen voneinander abgesetzt sind. So ergibt sich eine Art kurzatmiges Vorangehen, das scheinbar mit Mühe zum Ausgangspunkt zurückfindet und das an Haydns spätere Visitenkarte erinnert. Man könnte es sich motivisch von einem „Ich bin schon alt. Ich bin schon schwach…" abgeleitet vorstellen, also vom sprachlichen Ausdruck einer Eigensituation.[5] Anderseits ist auch ein religiöses Grundsujet nicht ausgeschlossen. Auf das Selbstportrait weist die Ausarbeitung des Kerns u. a. mit punktierten Rhythmen sowie einer Art ersterbendem Schluss

---

[5] Zu überlegen wäre die Tatsache, dass die Motivreihung einem Kontrapunkt zu einem durchgehenden Fugenthema entspräche.

des Themas. Und nun folgen Variationen, die die Situation beschwören, zuerst z. T. mit dem wie einsamen Melos, das von der Violine gestisch (und manchmal wie bedauernd) kommentiert wird. Allerdings fallen auch „Einwände" auf, die sich dagegenzustellen scheinen. Entsprechend variiert Variation 2 das Thema mit einem energischen punktierten Kontrapunkt, der in einem wie letztlich Klein-Beigeben endet. Variation 3 schließlich bildet anfangs eine Art Kanon, der die Zwischenräume zuerst mit betonender Wiederholung des Motivs ausfüllt, dann aber in ein eifriges wie lockendes und erwartendes Kommentieren der oberen Violine übergeht. So bleibt im schließlichen *Allegro*-Abschnitt nur, sich in Bejahung der Situation in eine Fuge zu begeben, deren Thema aus dem Thema des Satzes entwickelt ist, was einerseits energisches Beginnen anzeigt, dieses anderseits unter den Schutz des Schöpfers stellt (falls die „Fuge" eben auch auf ein religiöses Vorhaben weist).

Zur Vorstellung, dieses Quartett stehe für eine Art Selbstportrait des Komponisten selbst, passt nun auch der II. Satz, eine mit *Adagio* bezeichnete *Fantasia*. Worauf sich der (im Rahmen der Quartette vollkommen außergewöhnliche) Titel bezieht, ob auf die Form, auf den Inhalt oder auf das Vorausdenken eines Nochnicht-Eingetretenen? Der Satz, ohne Vorzeichen, beginnt in H-dur und da ganz selbstverständlich als ein wunderbarer und wie feierlich „gedenkender" Adagio-Satz, der am Ende seiner Themenformulierung sich modulatorisch löst und in Cis-dur endet. Daraus steigt das Spielen in der Solovioline stufenweise figürlich an, um erneut mit den anderen in eine Themenformulierung zu münden, bezeichnenderweise nun eine Oktave höher. Solche Formulierung wird aber gleich wieder verlassen und über eine Vermollung gelangt das Spielen in ein energisches Abkadenzieren nach G. Dort steigt nun das Violoncello solistisch in gleicher Art wie vorher die Violine nach oben, um nun in B-dur in das Thema einzumünden. Dieses wiederum über ein Vermollen modulierend verlassend, gelangt das Spielen in das anfängliche H-dur. Da setzt nun ein sich imitierendes Korrespondieren der Instrumente ein, dessen Kontrapunkt eine Art Lamento(?) artiku-

liert und in einen Doppelpunkt aufläuft. Über weit auseinander-
gezogenen kadenzierenden Akkorden landet das Spielen wie
„erlösend" in Gis / As-dur, einer Tonart, die wohl für das menschliche Enden steht. Doch geht das Spielen wieder in den Violoncel-
lo-Aufstieg über und mündet in C-dur(?) im Thema, aus dem sich
ein kontrapunktisches Geflecht als Fortspinnung entwickelt, ein
fugenartiges Arbeiten in mehreren Anläufen. Dieses erinnert an
ein *Kyrie-eleison*, mit einem langen gestalteten Abgang am
Schluss, ausdrucksvoll wie ein flehentliches Bitten, das auch in
das Ausklingen nochmals eingeflochten wird. Ist dies eine Vor-
aus-Fantasie des „Wenn es einmal so weit ist, dann bitte ich um
ein mildes Ende und um ein *„Miserere mei"*?

Im *Menuetto*, wiederum *Presto* überschrieben, formulieren die
Spielenden als die „Anderen" nach einer „Kreuz"-Figur eine Art
versuchsweises und durch Pausen unterbrochenes Immer-höher-
Ausgreifen, das sich dann doch bescheiden zum Abschließen
neigt. Dies kann man situativ und subjektiv, aber auch betont
religiös verstehen. Man muss wohl beides zusammenbinden,
denn das Trio „instrumentalisiert" anhand von vier absteigenden
und danach vier aufsteigenden Tonleitern die alte christliche
Metapher des Abstiegs (sozusagen in die „Grube") und des
gleichzeitigen Aufstiegs (der Seele zu einem „Himmel"). Diese
vier erst abwärts und dann aufwärts gerichteten Leitern werden
jeweils erst einstimmig, dann mit einer Gegenstimme versehen,
danach im dreistimmigen Satz und schließlich voll ausharmonisiert durchlaufen. Dies geschieht, wohl symbolisch, dreimal, wobei die jeweiligen Bearbeitungen keineswegs identisch sind, sondern in den satztechnischen Erfordernissen anwachsen. Im letzten
vierfachen Aufwärtsdurchgang ist die Ausharmonisierung auf
das dritte Auftreten vorgezogen, um im vierten überm Orgelpunkt *B* die übrigen Stimmen dreifach nach oben und zum Abschluss streben zu lassen. Mit den satztechnischen Varianten
entsteht durchaus ein den musikalischen Erfordernissen entsprechendes Ganzes. Das Menuett als eine Art symbolischer Klage der
Umstehenden, in die sie „ausbrechen"? Dem setzt das Trio eine
Metapher vom körperlichen Fallen und seelischem Erhobenwer-

den entgegen, in einer Weise, in der der Komponist gleichzeitig sich als „Persona" als der ausweist, der er ist: mit dem, was er gelernt und womit er sein Leben zugebracht hat.

Das Finale, ein *Allegro spiritoso*, nimmt die Metapher als eine Art Erkenntnis auf und verwandelt sie in ein „Jubeln", etwa in dem Sinn der Gewissheit des „wenn wir auch sterben, ja, – wir werden leben..." o. ä., wobei die beiden die thematische Substanz bestimmenden Figuren in einem gleichsam Durcheinander erst einmal den Satz der Exposition bestimmen. Die modulierende Durchführung konzentriert sich auf das erste der Motive und arbeitet dieses dramatisch aus, je den sinnbestätigenden nachge-schlagenen Akkord („ja") unregelmäßig einflechtend, bevor die gleichsam wie suchend umherirrende Violine (1?) solistisch über ein die „Erkenntnis" buchstabierendes Innehalten in eine Reprise gelangt. In dieser aber türmt das Spielen zuerst einmal das zweite Motiv durchführungsartig auf und verarbeitet es, bevor das Spie-len nach resoluten Kadenzakkorden des „So ist's" in der Reprise fortfährt und abschließt, nicht ohne das erste Motiv wie stets erinnernd einzuflechten.

XI. Das eigene Ende denken. Die letzten Streichquartette: Op. 77 und 103

Falls wir mit der Vorstellung, mit der wir vor allem Op. 76/6 hören können, dem Sujet nahegekommen sind, das Haydn selbst diesem Quartett voraus-gesetzt haben könnte, dann wird verständlich, wie schwer es ihm fallen musste, weitere Quartette zu entwerfen.[1] Er hatte sozusagen in dieser Gattung sein „letztes Wort" formuliert; gleichzeitig hatte er sein Oratorium „Die Schöpfung" vollendet. Trotzdem versuchte er es noch einmal, als der Fürst Franz J. M. von Lobkowitz, einer „der bedeutendsten Wiener Musikmäzene um 1800" (Finscher, 423), Haydn um sechs Quartette bat. Von diesen wurden 1799 nur zwei vollendet und 1802 als Op. 77 gedruckt; von einem dritten – es erscheint mir fraglich, ob die beiden als Op. 103 bezeichneten Sätze nicht einem ganz eigenen Antrieb zugehören – ließ Haydn schließlich 1806 nur die beiden Innensätze als Op. 103 veröffentlichen, auch hier ein Hinweis darauf, dass das Denken der Komposition eines solchen Zyklus auch im Bereich des Streichquartetts vom langsamen Satz und der Reaktion auf diesen ausging.

Das G-dur-Quartett Op. 77/1 eröffnet Haydn zurückhaltend mit einem *Allegro moderato*. Aus dem Beginn mit auftaktlosem Akkord löst sich eine „Bewegung" eines den Satz weitgehend bestimmenden Viertelpulses (wie ein Geschwindmarsch). Über diesem setzt das Spielen aus voneinander getrennten Motivfiguren, je mit charakteristisch punktiertem Auftaktachtel, einen Themenkomplex zusammen. Dessen Ende (Takt 14?) ist der Beginn einer zweiten verkürzten Aufnahme mit verarbeitendem Charakter. Aus dem anschließenden Laufwerk resultiert eine dritte Aufnahme eines entsprechenden Komplexes, verwandelt aber in die Klanggestalt eines zweiten Themas. Dem gestalthaften Schluss-

---

[1] Das geht überein mit der Einschätzung Finschers, in Op. 76/6 als „das gewichtigste und innovativste Werk". Es nimmt sicher eine Sonderstellung ein, auch wenn die anderen Quartette von Opus 76 ähnliche Sujets, bezogen auf Personen aus der Alterserinnerung, voraussetzten.

spielen mit schließlich „schöner" Kadenz schließt sich ein solches mit im Violoncello hervortretenden auseinandergelegten Dreiklängen an. Die Durchführung nimmt den resoluten Schlussklang der Exposition auf, um über harmonische Rückung und Modulationen mittels Themenfigur, Dreiklangsauffächerung und Pulsmotiv in eine Scheinreprise zu münden, die wiederum (u. a. nach A modulierend?) in das gestalthafte Spielen der Exposition einbiegt, um erst daraus die Reprise zu beginnen. Nach „Trug" und Modulation geht das Spielen gleich in das Laufwerk mit den Dreiklangauffächerungen über. Das Neigen zu einem Schluss hin nimmt den Anfang nochmals auf und formuliert eine Coda, die in einem resoluten Schlussakkord sich schließt.

Das Thema des folgenden *Adagios* in Es-dur, einer Tonart des „vertrauten Gesprächs mit Gott" (wie Schubart anmerkt), erinnert an die sprachgezeugte Themenformulierung der „Sieben Worte". Anderseits erscheint das hoch ansetzende Melos als ungeheuer emotionale Geste. Zusammen mit der Phrasierung der „Aufstellung" und der wie schluchzend in Einzeltöne aufsteigenden „Beantwortung" liegt ein Christuswort hier ferner als ein subjektiver menschlicher Ausdruck. Dadurch, dass sich das Melos feierlich zweimal im *forte* abwärts neigt und nach dem *piano*-Ansteigen in Einzeltönen sich wiederum zum Halbschluss umwendet, wird solcher Charakter noch verstärkt. Diese vier Thementakte, je im Unisono hervorgehoben und auf eine Ableitung aus dem Sprechen weisend, nimmt das Spielen nochmals auf, um sie kadenziell zu schließen. Eine zweite Aufnahme hebt den nun harmonisierten Komplex um eine Oktave nach oben, setzt ihn aber nach vier Takten variativ fort. Eine dritte Aufnahme ist selbst hochexpressive Verarbeitung der Themenmotive unter resp. über einem Achtelkontinuum, u. a. mit Gegenstimmen, quasi-dramatischen Zufügungen und Seufzersekunden-Ketten, endend im neuen Zwischenschluss in B. Eine Fortführung moduliert von B-moll aus nach Des, um dort mit dem Motiv der „Entsprechung" einen erneuten Zwischenschluss in C anzusteuern. Per harmonischer Rückung und Modulation hebt eine Sequenzkette das Spielen zum „Doppelpunkt" und von da zur Reprise. Diese harmonisiert auch die Neigefigur und führt (verkürzt?) in kontrapunktische Gegenstimmenkonstruktionen.

Man kann die Thematik dieses Satzes wie eine feierliche Verheißung mitvollziehen, die in unterschiedlichen Erweiterungen und „Erklärungen" einem Subjekt sich vermittelte. Doch wäre der Satz näherliegend als eine Art „Beichte und Buße" anzusehen, als ein In-sich-Gehen und existenzielles Bedenken seiner selbst. Dabei symbolisierte die „Aufstellung" des Themas sozusagen den tiefen Kniefall; und die „Beantwortung" das Bewusstsein der eigenen Hinfälligkeit und hilflosen Sündhaftigkeit.

Die Annahme eines betont subjektiven und gleichwohl religiösen Äußerns im Sinne einer Buße (im II. Satz) wird im III. Satz, einem *Presto* als *Menuetto* im Sinne eines Scherzos, durch den unbedingten Willen des Spielens (= der Thematik) gestützt, nach oben strebend aufzusteigen, über mehr als zwei Oktaven, immer wieder figurativ Schwung holend und synkopisch nach oben ausgreifend. Dies scheint mehr als nur ein Symbol; es ist vielmehr „Reaktion" auf ein „tiefes Beichten" des II. Satzes, Symbol eines Sich-befreit-Erhebens. Demgegenüber rückt das Trio, im überfallartigen Crescendo tonartlich verschoben, mit den durchgehenden Achteln, den Tremolostellen und der insistierenden Motivik, die Aufmerksamkeit auf eine wohl eher diesseitige Voraus-Setzung eines durch das Menuett symbolisierten Strebens. Auch den IV. Satz könnten wir solcher Sujet-Vorstellung anschließen. Dessen Hauptthema beginnt im „eindeutigen" Unisono und stellt selbst eigentlich einen großen Vorhalt dar, bestehend aus einer Kette mehrerer melodischer Vorhalte. Als solcher wird der Gedanke in der Wiederholung auch harmonisiert: als melodisches Ausholen zum kadenziellen Schließen, deutlich im Wesentlichen von diesem Thema als eine Art Kehrausthema tänzerisch und überaus „sprechend" gestaltet. Der Satz feiert sozusagen die Gewissheit eines „per aspera ad astra" im christlich-religiösen Sinn.

Die Satzumstellung im Quartett Op. **77/2**, die den langsamen Satz wieder an die dritte Stelle im Zyklus rückt, weist auf unsere Vermutung, dass Haydn (in solchen Fällen und auch hier) eine Gruppe von Quartetten einem gemeinsamen Sujet unterworfen haben könnte, ein drittes Quartett aber (inhaltlich?) nicht mehr bewältigte. Der erste Satz hebt optimistisch an: das dem Rhythmus des Themenbeginns des II. Satzes von Op. 77/1 angeglichene Thema beginnt mit einem vollen Akkord und vermittelt eine Art Hochgefühl, wie den Beginn eines gesellschaftlichen Ereignisses, im Klang fast wie mit Hörnern ausgestattet. Fortgesponnen zum Komplex, mischt das Spielen endlich auch dramatische Momente ein; diese gehen in eine Art zweites Thema über, das in teils chromatischer Gegenbewegung zum Ausgangsthema quasi beruhigende „Einwände" geltend macht. Doch ein rabiates Unisono-Schlussspiel wischt diese hinweg. Die Durchführung, aus Motiven der Themen gearbeitet, enthält wie hilflos (nach Worten?) suchende Passagen (und Modulationen) mit schließlich auch dramatischen Einschlägen. Die Reprise folgt im Wesentlichen der Exposition einschließlich des Unisono-„Einwands" und eines schnellen Schließens.

Das hier also (wieder) an zweiter Stelle stehende Menuett, eher ein Scherzo, hebt mit einem viertaktigen Themenkern an, dessen zweite Hälfte im Wesentlichen sozusagen rückgebildet und durch eine hin- und herspringende Quinte ersetzt ist. Diese, im folgenden vor allem im Violoncello als gegenrhythmische Bildung auftretend, bestimmt zusammen mit dem Dreiklangsmotiv vom Themenbeginn den Mittelteil des Satzes. Das Trio wechselt nach Des mit einer lyrischen Melodie, wie, um die Schönheit einer „Umgebung" oder eben einen besonderen Anlass zu feiern. Dessen Schluss moduliert mittels des Dreiklangmotivs zum Dacapo zurück.

Das *Andante*, hier also an III. Stelle, beginnt im zweistimmigen Satz (Violine und Violoncello) und einem marschähnlichem melodischen Vorangehen, das mit seiner internen Phrasenwiederholung den Eindruck eines über eine längere Zeit Währenden vermittelt. Das Melos umgreift erst einmal den Raum zwischen dritter und erster Stufe (in D-dur), bringt jedoch mit dem Ausgreifen zur sechsten Stufe darunter einen Mollton ins Spiel. Dieser wird erst durch die folgende thematische Fortsetzung und Erweiterung des Tonraumes incl. harmonischem Fortschreiten vorübergehend gelöst, in der Fortspinnung aber durch Nebenharmonien wieder zum Tragen gebracht. In der Wiederaufnahme am Schluss der liedartigen Themenformulierung erscheint das Melos reicher und gleichzeitig zarter durch das Hinzutreten der weiteren Instrumente harmonisiert, schließlich hochgehoben und in eine geheimnisvolle Kadenz mündend, die plötzlich resolut nach D-dur hin abschließt. Im Satz folgen nun drei Variationen dieses liedartigen Themas, wobei die Variationen eins und zwei je unterschiedlich gestaltete Fortspinnungen haben, die, in der Weise der Zwischenspiele eines Rondos und ausgestattet mit durchaus Phrasen eines Trauermarsches, stets zurückleiten zur Wiederaufnahme des thematischen Melos'. Dabei erweisen sich die Variationen jeweils unterschiedlich instrumentiert und durchaus sprechend figural in den Begleitstimmen ausgeziert. Und die dritte Variation, aus einem aufgeregten und wie spezifisch finalen Schlussakt der vorhergehenden herauskommend, scheint gleichsam zum Beginn zurückzukehren; sie ist wie ein „Danach" in das gesamte Instrumentarium nun im tiefen Register eingelassen. Mit ihr klingt der Satz über einem Orgelpunkt aus. Der Eindruck ist nicht nur der eines Quasi-„Trauermarsches", sondern gleichzeitig der einer Art „Triumphmarsch", wobei das „sieghafte" Element zusätzlich in die kontrapunktische Bearbeitung des ensemblemäßigen Fortschreitens gelegt erscheint.

Man kann mit dem Satz eine etwas abenteuerliche Idee verbinden, als ginge es in ihm um eine Art Leichenbegängnis, in welchem aber sozusagen der Verstorbene (bzw. der eben noch Lebende und sein Leichenbegängnis sich Vorstellende) den Trauernden Trost zuspricht. Haben wir hier (wieder, wie u. a. in Sinfonie 94) einen Akt der Ironie vorliegen, einen Akt des Über-sich-hinaus-Sehens? Das Finale, als *Vivace assai* eher ein Scherzo, erscheint dazu wie eine Reaktion: der Beginn mit dem vorangestellten Akkord, wie ein Ankommen, aber danach wie ein aufgeregtes Angekommensein, gleichsam in einer anderen Sphäre, harmonisch wieder in F-dur. Die Phrasen, wie einzelne gleichsam „positive" Äußerungen, erst einmal getrennt, in der ausgeschriebenen Wiederholung der Exposition dann durch „zustimmende" Floskeln verbunden, gehen sofort in eine Fortspinnungsarbeit über, die uns eine Ansammlung diverser Aussagen und Kommentare (über den Dahingegangenen?) von unterschiedlichen Seiten mitvollziehen lässt.[2] Die Durchführung nimmt die thematischen Passagen auf, arbeitet mit ihnen, z. T. wie in der Art einer Fuge, und mündet fast unmerklich in die Reprise zurück, die nach einem Versickern dann doch zu einem definitiven Schluss findet.

Das letzte Streichquartett Haydns (das sog. Op. **103**) ist ein Torso geblieben; als solcher stellt es wohl auch die letzte größere Komposition Haydns dar. Haydn ließ die beiden fertiggestellten Sätze, wohl als die beiden Mittelsätze eines Quartetts in D-moll entworfen, drei (bis vier) Jahre nach der Komposition noch 1806 veröffentlichen, wobei er am Schluss auch seine sog. Visitenkarte abdrucken ließ, das Zitat, „Hin ist alle meine Kraft, alt und schwach bin ich", aus einer seiner Vokalkompositionen auf einen Text von J. W. L. Gleim. Möglicherweise stellt dies nicht nur eine „Entschuldigung" für die Nicht-Vollendung dar. Dieser Zusatz, obwohl auf Vorschlag Griesingers realisiert, würde sich unserer möglichen Vorstellung von einer Beschäftigung Haydns mit sich selbst in seinen letzten Lebensjahren durchaus anpassen.

Dem adjektivischen Zusatz im Titel als *Andante grazioso* entspricht dieser B-dur-Satz in seinem melodischen Charakter durchaus. Gleichzeitig enthält der stimmlich und harmonisch exquisit entworfene Satz aus eigentlich sehr gesetzmäßig gebildeten Phrasen viele ausdrucksstarke Momente, einschließlich des Innehaltens am Abschluss des kontrastierenden Mittelteils und in der Coda des A-Teils. Überraschend beginnt der B-Teil in Ges, zwar in gleicher Ausdrücklichkeit, doch wechselt er in einen

---

[2] Eine Bestätigung unseres Vorurteils können wir in Feders Ansprechen dieses Finales sehen: „Das Finale (Vivace assai 3/4), das mit einem langen, lauten, tiefen F-Dur-Dreiklang aller Instrumente eröffnet wird, als wenn der Vorhang zum letzten Akt aufginge, glänzt mit einer lückenlosen Kette folkloristischer, darunter polonäsenhafter Motive und einer berückenden Kunst dichtester Verarbeitung.[...] Haydn schaut hier von einer Höhe, in der die Dinge alle gleich wichtig oder unwichtig werden, auf das irdische Treiben herab." (110)

bewegteren Satz (vor allem der Oberstimme), und er endet in
Des-moll mit seinem ersten Strophenkomplex, um nun wieder im
bewegten Satz nach D-dur sich zu wenden. Von dort beginnt der
A'-Teil in B. Dieser schließt ohne Zeilenwiederholungen resolut
ab. Der Satz gleicht ein wenig dem *Andante* von Op. 76/2. Doch
ist eine situative Einordnung nur schwer auszumachen. Wer „tritt
auf" und löst eine Reaktion wie die des folgenden *Menuettos* aus?
Der hier zweite Satz gibt sich einerseits durchaus menuetthaft in
Tempo und Metrik, worauf Haydn auch mit seinem Zusatz „*ma
non troppo presto*" hinweist. Anderseits besteht sein thematischer
Verlauf aus einem im Dreiklang wie springenden Nach-oben,
gefolgt von einem tiefen Fall und auffällig ausdrücklichen Klein-
sekund-Intervallen. Die thematische Kernformulierung der ersten
acht Takte enthält drei zum Ausgangston zurückkehrende Zirkel-
figuren, zwei als Verzierungen, eine dritte ausgeschrieben. Solche
haben wir in anderen Sätzen als mit dem Kreuz (oder dem Be-
kreuzigen?) verbunden assoziiert. Das Menuett wirkt mit seiner
Gestik eher wie die Reaktion eines Abwehrens, Zurückweisens,
das aus der gestischen Formulierung heraus eloquent verteidigt
und gerade in der resolut aufsteigenden Tonleiter zum Schlussakkord hin als entschieden bestätigt erscheint. Das Trio in D-dur,
abtaktig einsetzend, gibt sich wie ein vorsichtiger Gegenvor-
schlag, mit durchaus freundlicher und z. T. wie abwartender oder
überzeugen-wollender Gestik. Und dieser „Inhalt" erscheint bestätigt im vollen Streicherakkord des letzten Motiveinsatzes.

Mit den letzten Streichquartetten Op. 77 sieht Finscher Haydn
„auf einem neuen Weg, weg von der Komplexität des Op. 76 und
hin zu einer neuen Einfachheit[…] höheren Grades". (423) Der
„homophon-konzertanter Satz" herrsche vor, die kontrapunktische Arbeit sei zurückgenommen. Doch kann man letztere eben
auch im homophonen Satz selbst bewundern, gepaart mit harmonischen Entwicklungen, als ob das menschliche Handeln mit
feinsten seelischen Regungen verbunden sei. Auffallend sicher an
einigen Sätzen auch der Dialog zwischen erster Violine und Violoncello; und man kann sich fragen, ob hier eine Alters-

Abstraktion am Werk ist und ob Haydn hier eine Art inneren Dialogs des Subjekts vergegenwärtigen könnte (den wir ja bereits im Zusammenhang der Gruppe von Op. 50 bis Op. 64 angesprochen haben). Auch im Torso Op. 103 kann man solche „Gespräche" wahrnehmen. Doch scheinen mir solche Beobachtungen nicht Kennzeichen eines „neuen Weges", sondern eher dem Vorliegen des jeweiligen Sujets geschuldet, das im Akt eines nun gleichsam „direkteren" Komponierens umgesetzt wird.

Gerade die Tatsache, dass in diese „Inhaltlichkeit" immer mehr die Erfahrung mit sich selbst einfloss resp. einfließen konnte, stellt eine wesentliche Brücke zur Musik der nächsten Epoche dar, die mit Haydns (eben deshalb?) problematischem „Schüler" Beethoven anhob.

XII. Schlussgedanken

Joseph Haydns Streichquartette als Gesamttopus durchzuhören, das bedeutet auch, mit ihnen sich Haydns Lebensgang von einer gewissen Seite her zu vergegenwärtigen. Solches geschah hier sinnvollerweise freilich in kritischer Rezeption eines wissenschaftlichen Haydnbildes, der Monographie von Ludwig Finscher – mit ab und zu einem Seitenblick in Georg Feders „Werkführer" zu den Streichquartetten –, eines Haydnbildes also, das Werk und Leben des Komponisten zusammensieht. Dabei haben wir als eine Art unterschwelliges Thema den *Gedanken der „Andacht"* eingeführt. Und wir haben diesen uns wesentlich von Haydns Religiosität her zu füllen versucht. Dies muss man vielleicht nicht unbedingt. Man kann hier „An-dacht" von vornherein als ein „kontemplatives Mit-sich-Sein" einbringen, das sich seines Herkommens aus einer persönlichen Beziehung zu einer göttlichen Instanz im christlichen Sinn bereits (oder fast) vollkommen entledigt hat. Doch wenn wir Haydns Entwürfe als Abschluss einer Musik der Frühen Neuzeit einschätzen wollen, dann scheint es (mir) geboten, Haydns entworfene „Andacht" – wenn auch im personalisierten und tendenziell mehr und mehr nur noch privaten Verständnis – als eine selbstverständliche von seiner Katholizität herzuleiten.

Haydns Streichquartette haben wir gleichzeitig von vornherein in eine *Entwicklung des „Selber-Spielens", eines „Entre nous",* innerhalb der Epoche der Frühen Neuzeit eingeordnet. Haydns Position ist eine, die anfangs das Spielen als ein Zusammenwirken von vier „Selber-Spielenden" entwirft, die sich als Spielende bzw. im Spielen vor sich selbst als in einer Art religiöser Andacht Befindliche zur Geltung bringen. Diese Position wandelt der Komponist mit(?) bzw. nach den Quartetten op. 33 zu einer, die das Quartett zur Einheit bindet und mehr und mehr *den Mitspielenden* ein entsprechendes Andächtigsein ermöglicht.

Der Gedanke der „Andacht", eines „Denkens an" im Hören, erlaubt es uns, nicht nur seine Quartette an-zu-hören, sondern in unserem Mitvollzug als ein Mit-Spielen und Mit-Denken Haydn (selbst) gleichsam neben uns wahrzunehmen, ihn (zumindest) als in / aus einer möglichen Lebenssitation musikalisch Handelnden zu erleben. Erst daraus – so scheint mir – können wir unser Hören auch mit einer eigenen Lebenserfahrung füllen und in Beziehung setzen. Wer anderen zuhören kann – sagt man –, der hilft nicht nur denen, die ihre Sorgen mitteilen können; auch die eigenen Erfahrungen können auf diese Weise einen neuen Sinn bekommen. Freilich gilt dies vor allem für jene, die als Gebildete unter den Erwachsenen die eigene Lebenserfahrung als solche lebendig werden lassen, die sie (und damit sich) im Hören zu investieren imstande sind.

Wenn wir nun zu Mozart „hinüber"-schauen, – Mozarts Position im Selber-Spielen ist wohl bereits eine des Einzelnen, so, wie er selbst nie wirklich irgendwo „dazugehörte"; wie oft ist er in Wien umgezogen? Sein Blick ist nicht mehr auf ein *integratives* Selbstsein des Menschen aus, der sich letzlich immer noch in der Teilhabe an der vernünftigen Überzeugung aller (incl. einer ins Private tradierten Religiosität) zur Geltung bringt, sondern auf den Menschen als Individuum gerichtet, das seine Probleme damit hat, unter und mit den Anderen sie / er selbst zu sein. Ob wir solche Position an einer „reinen" Instrumentalmusik hörend fassen können, das wäre im folgenden an Mozarts (vor allem Wiener) Klavierkonzerten zu prüfen.[1]

Joseph Haydns Streichquartette wurden hier als ein Spielen und Mit-Spielen angesprochen, in welchem dessen Autor seine (bzw. davon abgeleitet: eine) Religiosität als eine alle Menschen verbindende und emanzipierte Eigenschaft in höchst abstrakter Weise mit in die Welt transportierte und in ihr propagierte. Die Entwürfe ermöglichen eine (fast!) vollständig emanzipierte Andacht privater Natur. Sie stellen (in meinem Verständnis) einen Endpunkt religiöser Emanzipation am Ende der Epoche der Frühen Neuzeit dar. 1877 notierte der Komponist und Dirigent Ferdinand

---

[1] Als „zweiter Teil" dieses Essays war (und ist) ein *Essay zu Mozarts Klavierkonzerten* (der Wiener Zeit) vorgesehen.

Hiller: „Seit einiger Zeit beginne ich mein Tagwerk mit einem reizenden Morgensegen, – ich lese täglich ein Quartett von Haydn – dem frömmsten Christen kann ein Capitel aus der Bibel nicht wohler tun." Ob er da nicht unwissentlich an den Haydnschen Entwürfen etwas aufnahm, das in diesen angelegt worden war?

Hinzugezogene Schriften

Pierre Barbaud, *Joseph Haydn in Selbstzeugnissen und Bilddokumenten*, dt. Reinbek 1960 (=rowohlts monographien)

Dénes Bartha, *Joseph Haydn. Gesammelte Briefe und Aufzeichnungen*, Kassel etc. 1965

Georg Feder, *Haydns Streichquartette. Ein musikalischer Werkführer*, München (Beck) 1998

Ludwig Finscher, *Joseph Haydn und seine Zeit*, Laaber 2000

Martin Geck, *Die Bach-Söhne*, Reinbek b. Hbg [3]2014

Georg August Griesinger, *Biographische Notizen über Joseph Haydn. Reprint der Ausgabe Leipzig 1810...*, hrsg. v. Peter Krause, Leipzig 1979

Peter Gülke, *Nahezu ein Kant der Musik* (revidierte Fassung), in: *Joseph Haydn* (= Musik-Konzepte 41), München 1985

Heinrich Eduard Jacob, *Joseph Haydn. Seine Kunst, seine Zeit, sein Ruhm*, Hamburg 1952

Robert Kegan, *Die Entwicklungsstufen des Selbst...*, dt. München 1986

Christian Friedrich Daniel Schubart, *Ideen zu einer Ästhetik der Tonkunst (Wien 1806)*, Nachdruck Darmstadt 1969.

Dietmar Ströbel, *Von Mozart vor und zurück. Modelle zur Musik zwischen 1500 und 2000*, Norderstedt 2011 (= ZWISCHENTEXTE 3)

Zum Hören der Streichquartette lag vor allem vor:

Franz Joseph Haydn (1732-1809), *The Complete String Quartets*, Kodály Quartet

Hinweis

Dietmar Ströbel
Z w i s c h e n t e x t e

In der Sammlung ZWISCHENTEXTE bearbeitet der Autor in festge-
legter Bandfolge Essays aus dem Bereich der Musik, der Musik-
geschichte und Musikpädagogik.
Die Texte wollen allen ernsthaft Musikinteressierten und insbesondere Musikpädagogen einen etwas anderen Blick auf das
eröffnen, womit sie umgehen. Ihr Ziel ist es, das Interesse an
Musik zu einem Interesse am Menschen zu erweitern, Musik als
eine spezifisch *menschliche Tätigkeit* anzusprechen und in ihrer
prinzipiellen *Geschichtlichkeit* darzustellen sowie ihre für unsere
Kultur notwendige *Aneignung* inform eigenen Handelns als *Singen, instrumentales Spielen* und *musikalisches Hören* zu projektieren
und zu fördern.

1. *Musikpädagogik als Ausbildung. Sieben persönliche Markierungen,*
   Norderstedt 2001 (ISBN 3-8311-2097-8)

2. *Menschensmusik. Vier Versuche, in eine pädagogisch brauchbare
   Vorstellung von Musik einzuführen,* Norderstedt 2008 (ISBN 978-
   3-8370-4204-7)

3. *Von Mozart vor und zurück. Modelle zur Musik zwischen 1500 und
   2000,* Norderstedt 2011 (ISBN 978-3-8391-9052-4)

4. *Ausgerechnet Mittelalter?! Zu Kindheit und Jugend unserer Musik-
   kultur,* Norderstedt 2010 (ISBN 978-3-8391-5103-7)

5. SINGEN → SPIELEN → HÖREN. *Zu einer »erwachsenen« Musik der
   Frühen Neuzeit (1500-1800)* [Arbeitstitel]

   (1) *Der Komponist und sein Amt. Siebeneinhalb biografische Diskur-
   se zu Lasso, Praetorius, Monteverdi, Schütz, Lully, Bach, Haydn und
   Mozart (in Wien);* in Vorbereitung

   Sonderband: *Seinen Glauben selber singen. Zur Entwicklung des
   Singens als evangelisches Glaubenslied zwischen Reformation und
   Aufklärung,* Norderstedt 2017 (ISBN 978-3-7431-7950-9)

Sonderband (2): *Religiöse Musik. Zu Claudio Monteverdis der »Virgo sanctissima« gewidmeten Zyklus von 1610, zu den »Musikalischen Exequien« von Heinrich Schütz sowie zu Jean-Baptiste Lullys »Te Deum«*, Norderstedt 2019 (ISBN 978-3-7504-3422-6)

Ich höre Haydn. Extempore zu Sinfonien Joseph Haydns (= Materialien zu Teilband (5): FINALE), Norderstedt 2023 (ISBN 9783746024370)

11. MIT MUSIK LEBEN. *Projekte zur Ästhetischen Praxis von Musikpädagogen in konzeptioneller Absicht*

Projekt 3. *Notizen zur »Hofmusik« des Osnabrücker Bischofs Philipp Sigismund (1591-1623). Anmerkungen zu Kompositionen von Nikolaus Zangius, Ott Siegfried Harnisch und Daniel Selich (Selichius)*, Norderstedt 2021 (ISBN 9783754346662)

Anlagen: *Ott Siegfried Harnisch, »Hortulus Lieblicher lustiger und höflicher Teutscher Lieder« (1604)* (ISBN 9783756840267) und *»Johannes-Passion (1621)* (ISBN 9783756817245) (Editionen)

Projekt 4. *Männersonntag. 3- und 4-stimmige Liedsätze für Männerchor zur Gottesdienstgestaltung* (Privatdruck)